HEYNE BÜCHER

Das Buch

Es ist kein Geheimnis, daß der Mond Mensch und Natur stark beeinflußt – Ebbe und Flut, Schlafwandeln und andere Phänomene sind deutliche Hinweise auf seine ungeheure, geheimnisvolle Kraft. Wie man diese Kraft sinnvoll und im Einklang mit der Natur nutzen kann, beschreiben die Autoren in ihrem aufregenden Buch, das auf jahrtausendealten Weisheiten und präzisen Beobachtungen beruht. Johanna Paungger ist mit dem mündlich überlieferten Wissen ihres Großvaters um die Bedeutung der Mondzyklen für das Leben auf der Erde aufgewachsen und hat in vielen Vorträgen und öffentlichen Gesprächen davon berichtet. In Zusammenarbeit mit dem Autor Thomas Poppe hat sie ihre faszinierenden Beobachtungen und Erfahrungen mit den Phasen des Mondes als Buch herausgebracht. Gesundheit, Ernährung, Garten, Landwirtschaft, Haushalt – in allen Bereichen unseres täglichen (und nächtlichen) Lebens spielt der Mond eine entscheidende Rolle.

Ein wertvoller und nützlicher Ratgeber, der viele praktische Tips zum Umgang mit Vollmond, Neumond und den anderen Phänomenen des Mondkalenders enthält und die Beziehung zwischen Mond und Mensch deutlich macht.

Die Autoren

Johanna Paungger ist eines von zehn Kindern einer Tiroler Bergbauernfamilie. Ihr Wissen über den Mond und seine Rhythmen hat sie von ihrem Großvater überliefert bekommen. Nach Jahren harter Prüfungen des Schicksals lebt sie heute gemeinsam mit Thomas Poppe wieder in Tirol.

Thomas Poppe, Autor und Übersetzer, hat zuerst jahrelang im Alltag das Wissen um die Einflüsse der Mondrhythmen erforscht, bevor er begann, mit Johanna Paungger die Summe ihrer gemeinsamen Erfahrungen aufzuzeichnen.

JOHANNA PAUNGGER/
THOMAS POPPE

VOM RICHTIGEN ZEITPUNKT

Die Anwendung des Mondkalenders im täglichen Leben

WILHELM HEYNE VERLAG
MÜNCHEN

HEYNE ALLGEMEINE REIHE
Nr. 01/9803

Umwelthinweis:
Das Buch wurde auf
chlor- und säurefreiem Papier gedruckt.

6. Auflage

Wilhelm Heyne Verlag GmbH & Co. KG, München
Printed in Germany 1997
Umschlagillustration: Bildagentur Mauritius/Nägele, Mittenwald,
und IFA-Bilderteam/Nägele, Taufkirchen
Umschlaggestaltung: Atelier Ingrid Schütz, München
Satz: Schaber Satz- und Datentechnik, Wels
Druck und Bindung: Elsnerdruck, Berlin

ISBN 3-453-09723-8

Inhalt

Vorwort der Autoren

Seit vielen Jahren werde ich immer wieder gebeten, ein Wissen weiterzugeben, mit dem ich von frühester Kindheit an aufgewachsen bin – das Wissen um die Mondrhythmen, um die Einflüsse auf alles Leben auf der Erde, die vom Stand des Mondes und den Mondphasen angezeigt werden. Ich verdanke es meinem Großvater, der mir beibrachte, daß Gespür, Schauen und Erfahren der Schlüssel zu vielen Dingen in der Natur ist, die durch die Wissenschaft allein nicht entschleiert werden können.

Ich erinnere mich noch sehr gut an meinen ersten Vortrag. Man warnte mich zuvor, daß ich wohl mit Spott zu rechnen habe. Meine innere Überzeugung war jedoch so fest und auch die Unterstützung meiner Freunde war mir sicher, daß es mir gleichgültig war, wie viele Zuhörer mich auslachen würden. Für mich zählte nur eines: Wenn sich auch nur eine Person dieser naturgegebenen Sache annimmt, dann bleibt ein altes Wissen lebendig, das sich über Jahrhunderte durch Weitererzählen, Ausprobieren und Anwenden gehalten hat und das gerade heute für uns alle und für die Welt, in der wir leben, von großem Wert sein könnte.

Der Erfolg dieses ersten Vortrags hat mich zu weiteren ermutigt und heute, nach vielen Vorträgen, schreibe ich meine Erfahrungen auf. Ich freue mich besonders über die Aufgeschlossenheit, mit der viele Menschen dem Wissen um die Mondrhythmen gegenüberstehen. Sah ich anfangs viele ungläubige Gesichter, so entwickelte sich schon nach kurzer Zeit ein explosionsartiges Interesse. Heute wenden sogar viele Ärzte und Unternehmer das Wissen um ›den richtigen Zeitpunkt‹ in ihrem Beruf an. Für mich ist der Umgang mit den Mondphasen ja überhaupt nichts Neues, aber ich bin glücklich darüber, daß viele Menschen diesem alten Wissen heute wieder Vertrauen schenken.

Das ist mein Wunsch: Sie sollen, wenn Sie Freude daran haben, ein Wissen erhalten, das Sie ein Leben lang begleiten kann, ohne immer wieder in Leitfäden, Ratgebern und Tabellen nachschlagen zu müssen – ein Wissen, das Ihnen in Fleisch und Blut übergeht, das Sie Ihren Kindern als Starthilfe für eigene Erfahrungen weitergeben können. Wenn Sie auch nicht wie ich mit diesem Wissen aufgewachsen sind, so bekommen Sie mit diesem Buch Gelegenheit, eigene Erfahrungen zu sammeln – und das hilft mehr als tausend Beispiele in einem Buch. Nach einigen Versuchen kommt Ihnen das Wissen nicht mehr so fremdartig vor, und Sie merken schnell, um wieviel einfacher Ihnen alles von der Hand geht.

In gemeinsamer Arbeit mit Thomas Poppe ist dieses Buch entstanden. Möge es allen Lesern, die guten Willens sind, eine Erleichterung und ein hilfreicher Begleiter in vielen Lebenssituationen sein.

Johanna Paungger

Große Abenteuer nehmen manchmal ihren Anfang in kleinen, unscheinbaren Dingen – zum Beispiel im Klingeln eines Telefons.

»Du, ich habe da eine Frau kennengelernt, die für dich bestimmt sehr interessant sein könnte. Vielleicht schreibt ihr gemeinsam ein Buch. Sie heißt Johanna Paungger. Ich habe von dir erzählt und sie möchte dich kennenlernen…«

»Buch schreiben? Worüber?« antwortete ich leicht gereizt, weil ich mich gerade mit einem ungeliebten Buch herumschlug und die Inspiration mich verlassen hatte.

»Warte es ab, das ist nicht so einfach zu erklären.«

Auch das noch.

Nun, von Natur aus neugierig, sagte ich zu. Ich ahnte damals nicht, was auf mich zukommen sollte.

Viele Ereignisse und Erfahrungen in meinem Leben verdienen die Beschreibung ›außergewöhnlich, seltsam, erhebend, bereichernd‹, doch das Treffen mit Frau Paungger paßt in keine dieser Kategorien. Die Qualität der Begegnung mit ihr war mir so neu, daß ich mir selbst keine Maßstäbe anbieten konnte, um sie in irgendeine ›Ecke‹ meines Denkens und Fühlens zu stellen.

Dabei passierte nichts Ungewöhnliches oder Spektakuläres: Wir trafen uns in einem Waldcafé, sprachen nur wenig über das Thema des beabsichtigten Buchs, tauschten Freundlichkeiten und Anekdoten aus, um die anfängliche Distanz zu überwinden, und philosophierten über dies und das. Sie habe eines meiner Bücher gelesen, sagte sie, und das Gefühl gewonnen, ich sei der Richtige, um mit ihr gemeinsam ein altes Wissen aufzuschreiben. Sie erzählte von ihrer Heimat Tirol, von ihrer Kindheit als eines von zehn Kindern einer Bergbauernfamilie, von ihrem Umzug nach München – und immer wieder, fast wie nebenbei, flossen Andeutungen über ein besonderes Wissen ein, das in ihrer Heimat noch weit verbreitet sei und das sie von ihrem Großvater vermittelt bekommen habe, das Wissen um die Rhythmen des Mondes und ihren Einfluß auf die Natur, auf Mensch, Tier und Pflanze.

Eine Anekdote, die die Lehrzeit bei ihrem Großvater beleuchtet, blieb mir im Gedächtnis: Sie erzählte, daß die langen Jahre des Lernens fast ohne Worte verlaufen seien – nur im Schauen, Beobachten, Anfassen, Durchleben, Erfahren. Eines Tages habe sie doch einmal eine Frage gestellt, ich glaube, im Zusammenhang mit dem Sammeln eines bestimmten Heilkrauts. Der Großvater habe ihr geantwortet: »Schau nur genau hin.«

Viele weitere Begegnungen mit Johanna Paungger folgten, und es dauerte noch lange Zeit, bis wir die Gewißheit spürten: Jetzt ist die Zeit reif, mit einem Buch zu beginnen. Wir hatten einander kennengelernt und Vertrauen gewonnen. Und immer mehr Menschen besuchten ihre Vorträge, begannen sich zu interessieren für das alte Wissen um die Mondrhythmen und bedrängten sie, doch alles einmal aufzuschreiben. Dieses Buch ist das Ergebnis einer harmonischen Teamarbeit, eines Miteinanders, das ich nur als glücklich bezeichnen kann. Frau Paungger steuerte ihr Wissen und ihre Erfahrung bei, ich die Feder und meine Erfahrung. Nur an manchen Stellen werden Sie kurze, in der Ich-Form geschriebene Passagen finden, die ganz persönliche Erlebnisse und Feststellungen von Frau Paungger oder mir selbst wiedergeben.

Sogar das Schreiben selbst ist für mich zum Lernprozeß besonderer Art geworden. Ich hatte anfangs das alte Sprichwort vergessen, daß »Begeisterung für den Lernenden dasselbe ist wie der Schlaf für den Jäger«. Nach und nach wurde mir jedoch klar, daß Johanna Paungger nichts beweisen und niemanden belehren will, daß das Wissen keinerlei Rechtfertigung bedarf, weil es sich ausschließlich durch sich selbst beweist. Ihr wichtigstes Anliegen ist jedoch, dem Leser die Überzeugung zu nehmen, er habe wieder einmal ein Patentrezept, vielleicht sogar ein Allheilmittel gefunden, um mit seinen Problemen fertig zu werden. Auch die Einhaltung des ›richtigen Zeitpunkts‹ hilft nicht auf Dauer, wenn das Denken und die Einstellung nicht stimmen. Eine Krücke, etwa das Einprägen und Einhalten von Regeln und Gesetzen, erfüllt eigentlich nur einen Zweck: sich auf sie zu stützen, solange es nötig ist, und sie wegzuwerfen, wenn man sie nicht mehr braucht. Das Wissen sollte in Fleisch und Blut übergehen und zur Wachheit sich selbst und der Umwelt gegenüber führen. Der tägliche Umgang, das Experimentieren mit diesen Regeln schärft unsere Aufmerksamkeit gegenüber den Dingen, die uns umgeben, und läßt uns Zusammenhänge für unser Leben erkennen, die schließlich über die Regeln hinausführen.

In alter Zeit war es vornehmste Pflicht eines Wissenden, gleich ob Handwerker oder Philosoph, sein Wissen (nicht seine Ahnungen, Vermutungen, Meinungen und Überzeugungen) verantwortungsvoll weiterzugeben. Erstmals nun steht uns das Wissen um die Mondrhythmen, soweit es schriftlich fixierbar ist, zur Verfügung. Eine Vielfalt von Ratschlägen und Tips, die sich mit fast allen wichtigen Bereichen unseres Alltags befassen: von der Heilkunde über Haushalt und Ernährung bis zur Garten- und Feldarbeit.

Geduld ist der einzige Preis, den Sie bezahlen müssen, um aus diesem Buch Gewinn zu ziehen. Dann kann es wirklich zu einem Baustein werden für eine andere Welt.

Thomas Poppe

I

Die sieben Impulse des Mondes

Es ist so angenehm, zugleich die Natur
und sich selbst zu erforschen,
weder ihr noch dem eigenen Geist Gewalt anzutun,
sondern beide in sanfter Wechselwirkung
miteinander ins Gleichgewicht zu bringen.

GOETHE

Vergangenheit und Gegenwart

Jahrtausendelang lebte der Mensch weitgehend in Harmonie mit den vielfältigen Rhythmen der Natur, um sein Überleben zu sichern. Er beobachtete mit wachen Augen und gehorchte Notwendigkeiten, anfangs noch ohne nach ihren Ursachen zu fragen. Eskimos etwa leben unter den härtesten nur denkbaren Umweltbedingungen, mitten in ewigem Eis. Ihre Sprache kennt vierzig verschiedene Worte für ›Schnee‹, weil sie vierzig verschiedene Zustände gefrorenen Wassers zu unterscheiden lernten. Die unwirtlichen Klimaverhältnisse zwangen sie dazu. Nur zwei dieser vierzig Eis- und Schneearten sind zum Bau der Iglus, ihrer Behausungen, geeignet.

Nicht allein den Zustand der Dinge beobachtete der Mensch genau, sondern auch, welche Wechselwirkungen zwischen dem Zustand und dem jeweiligen Zeitpunkt des Beobachtens bestanden – die Tages-, Monats- und Jahreszeit, der Stand von Sonne, Mond und Sternen. Viele archäologisch bedeutsame Gebäude aus alter Zeit bezeugen, welch hohen Stellenwert unsere Vorfahren der genauen Beobachtung der Gestirne und der Berechnung ihres Laufs beimaßen. Nicht nur aus ›wertfreiem‹ Forscherdrang, sondern weil sie so den größtmöglichen Nutzen aus der Kenntnis der Einflüsse zur Zeit der jeweiligen Sternenkonstellation ziehen konnten. Die von ihnen nach dem Lauf des Mondes und der Sonne errechneten Kalender dienten der Vorausschau auf bestimmte Kräfte – auf Impulse, die nur zu bestimmten Zeiten auf die Natur, auf Mensch und Tier wirken und in regelmäßigen Abständen wiederkehren. Besonders auf jene Kräfte, die im Gleichtakt mit dem Lauf des Mondes alles Leben beeinflussen, die über Erfolg und Mißerfolg von Jagd und Ernte, von Lagern und Heilen mitentscheiden.

Der Naturforscher Charles Darwin hat deshalb in seinem klassischen Werk ›Von der Abstammung des Menschen‹ nur eine Erkenntnis wiedergegeben, die zahllosen Generationen vor ihm zuteil wurde und für sie von großem Nutzen war: »Der Mensch ist gleich den Säugetieren, Vögeln und sogar Insekten jenem geheimnisvollen Gesetz unterworfen, wonach gewisse normale Prozesse, wie Schwangerschaft, Pflanzenwachstum und Reife, Dauer verschiedener Krankheiten, von den Mondperioden abhängig sind.«

Geschärfte Sinne, Wachheit, Wahrnehmungsfähigkeit und genaue Beobachtung der Natur, der Tier- und Pflanzenwelt, machte unsere Vorfahren zu ›Meistern des richtigen Zeitpunkts‹.

Sie entdeckten

- daß zahlreiche Phänomene der Natur – Ebbe und Flut, Geburten, Wettergeschehen, der Zyklus der Frauen und vieles mehr – in Beziehung zur Mondwanderung stehen;
- daß sich viele Tiere in ihrem Tun nach dem Mondstand richten, daß Vögel beispielsweise das Nistmaterial immer zu bestimmten Zeiten sammeln, so daß die Nester nach einem Regen rasch wieder trocknen;

- daß Wirkung und Erfolg zahlloser alltäglicher und weniger alltäglicher Aktivitäten – Holzschlagen, Kochen, Essen, Haareschneiden, Gartenarbeit, Düngen, Waschen, die Anwendung von Heilmitteln, Operationen und vieles mehr – Rhythmen in der Natur unterworfen sind;
- daß manchmal Operationen und Medikamentengaben, an bestimmten Tagen durchgeführt, hilfreich sind, an anderen Tagen nutzlos oder gar schädlich – oft unabhängig von Dosis und Qualität der Medikamente, von aller Kunst des Arztes;
- daß Pflanzen und ihre Teile von Tag zu Tag unterschiedlichen Energien ausgesetzt sind, deren Kenntnis ausschlaggebend für erfolgreichen Anbau, Pflege und Ernte der Früchte ist, daß Heilkräuter zu bestimmten Zeiten gesammelt ungleich mehr Wirkstoffe enthalten als zu anderen.

Mit einem Satz: Der Erfolg einer Absicht hängt nicht nur vom Vorhandensein der nötigen Fähigkeiten und Hilfsmittel ab, sondern entscheidend auch vom Zeitpunkt des Handelns.

Natürlich waren unsere Ahnen bestrebt, ihr Wissen und ihre Erfahrungen an ihre Kinder weiterzugeben. Dazu war es nötig, den beobachteten Einflüssen griffige, leicht verständliche Namen zu geben und sie vor allem in ein einleuchtendes System zu kleiden, das immer und überall die Beschreibung der Kräfte und vor allem die Vorausschau auf die kommenden Einflüsse ermöglicht. Eine ganz besondere Uhr mußte erfunden werden.

Sonne, Mond und Sterne waren es, die sich von Natur aus als äußerer Rahmen, sozusagen als ›Zeiger und Zifferblatt‹ für diese Uhr anboten. Aus einem sehr einfachen Grunde: Das Wesen von Rhythmus ist Wiederholung. Wenn man beispielsweise beobachtet, daß die günstige Zeit zum Ansäen einer bestimmten Pflanze monatlich genau zwei bis drei Tage währt und dabei der Mond die immer gleichen Sterne durchwandert, dann liegt es nahe, diese Sterne zu einem ›Bild‹ zusammenzufassen und der Sternenkonstellation einen für die jeweilige Beschaffenheit des Einflusses typischen und einleuchtenden Namen zu geben. Das Sternbild wird zur Ziffer auf dem Zifferblatt des Sternenhimmels.

Unsere Vorfahren isolierten grob gesehen zwölf Kraftimpulse, die jeweils unterschiedliche Eigenart und Färbung besitzen. Den von der Sonne (im Lauf eines Jahres) und vom Mond (im Laufe eines Monats) während eines dieser Impulse durchwanderten Sternen gaben sie zwölf verschiedene Namen.

So sind die zwölf Sternbilder des Tierkreises entstanden: Widder, Stier, Zwillinge, Krebs, Löwe, Jungfrau, Waage, Skorpion, Schütze, Steinbock, Wassermann, Fische.

Der Mensch hatte sich eine ›Sternenuhr‹ geschaffen, an der er ablesen konnte, welche Einflüsse gerade herrschten, mit der er berechnen konnte, was die Zukunft an förderlichen und bremsenden Einflüssen für seine Vorhaben bringen würde. Viele Kalender der Vergangenheit richteten sich nach dem Lauf des Mondes, weil die vom Mondstand im Tierkreis angezeigten und angekündigten Kräfte von weit größerer Bedeutung sind für den Alltag der Menschen als die des Sonnenstandes. Vielleicht wissen Sie, daß heute noch viele unserer Feiertage vom Stand des Mondes abhängen: Ostern etwa wird seit Ende des 2. Jahrhunderts n. Chr. stets an dem ersten Sonntag gefeiert, der dem ersten Vollmond nach Frühlingsanfang folgt.

Gegen Ende des 19. Jahrhunderts geriet das Wissen um diese besonderen Rhythmen der Natur fast über Nacht in Vergessenheit – vielleicht auch deshalb, weil jede Systematisierung eine Art Schlafmittel in sich trägt. Wenn meine Uhr zwölf Uhr mittags anzeigt, muß ich nicht mehr die Sonne beobachten. Wenn die direkte Wahrnehmung von Impulsen und Kräften, die einen Tag regieren, keine Rolle mehr spielt, verlieren Regeln und Gesetze, die in ihr wurzeln, schnell an Gültigkeit.

Der Hauptgrund für den Verzicht auf das Wissen ist jedoch, daß uns die moderne Technik und Medizin die ›schnelleren‹ Lösungen für alle Probleme des Alltags versprochen hatte. In kürzester Zeit gelang es ihr, uns die Illusion zu geben, dieses Versprechen auch einlösen zu können. Die Beobachtung und Beachtung der Naturrhythmen schien fast mit einem Schlag überflüssig geworden. Das Wissen überlebte schließlich nur in vereinzelten Regionen.

Die jungen Bauern, Forstwirte und Gärtner der ›modernen Zeiten‹ lachten über ihre Eltern und Großeltern, sprachen von Aberglauben und begannen, sich fast völlig auf den übertriebenen Einsatz von Maschinen und Instrumenten, Dünger und Pestiziden zu verlassen. Sie glaubten, das Wissen ihrer Eltern vom rechten Zeitpunkt ignorieren zu können, und die steigenden Erträge schienen ihnen lange Zeit recht zu geben. So verloren sie den Kontakt zur Natur und begannen, anfangs unbewußt, die Zerstörung der Umwelt mitzubetreiben, immer unterstützt von der Industrie, die das Vertrauen in ihre Fähigkeit, alle Probleme lösen zu können, aufrechtzuerhalten verstand. Heute kann kaum noch jemand die Augen verschließen vor dem hohen Preis, den wir für die Mißachtung der Rhythmen und Naturgesetze bezahlen müssen – die Erträge sinken und Schädlinge bekommen leichtes Spiel, weil der Boden ausgebeutet wird, ohne sich schützen und regenerieren zu können, der Einsatz von Pestiziden hat sich in wenigen Jahrzehnten vervielfacht, ohne nennenswerten Erfolg. Qualität und Gesundheitswert der Erntefrüchte sprechen eine deutliche Sprache.

Die Fortschritte der Chemie und Pharmazeutik verführten die Ärzteschaft zu der Überzeugung, ungestraft die Wellenbewegung und Ganzheit des Lebens mißachten zu können. Schnelle Schmerz- und Symptombeseitigung galt schon als ›Therapieerfolg‹, die Ursachenforschung und Vorbeugung, die Geduld und Bereitschaft zu einer langfristigen ›Zusammenarbeit‹ mit dem Patienten traten in den Hintergrund.

Zudem ist das Wissen um die Mondrhythmen mit den heutigen wissenschaftlichen Methoden zwar beweisbar, aber kaum zu begründen, die Frage nach dem ›Warum‹ muß vorläufig unbeantwortet bleiben: Im linearen Denken der meisten Wissenschaftler ein legitimer Grund, es gänzlich zu ignorieren.

Und wir alle, die wir so leichten Herzens auf das Wissen um die Rhythmen verzichten, tun das einerseits, weil wir die kurzfristige Bequemlichkeit zum höchsten Gut erhoben haben, auf Kosten von Vernunft, Maß und Ziel. Wir glauben, alles überholen zu können, auch die Natur, und überholen uns dabei selbst. Im Höllentempo unserer Zeit hetzen wir ständig von der Vergangenheit in die Zukunft. Der gegenwärtige Augenblick, der einzige Ort, an dem Leben stattfindet, geht verloren.

> *»Der Bürger wird zunehmend abhängiger von Dienstleistungen, die er nicht beeinflussen kann, und von Experten, die ihm raten und vorschreiben, wie er zu leben hat. Unter dem Wust von Vorschriften und Ratschlägen ersticken die normalen, angeborenen Fähigkeiten, der Mensch bleibt unselbständig und abhängig wie ein Kind, er darf und soll es bleiben. Er vertraut nicht auf sich selbst, nicht auf die Zukunft und nicht auf die Selbstregulierungskraft des Lebens.«*
>
> RICARDA WINTERSWYL,
> Süddeutsche Zeitung vom 20. 4. 1991

Andererseits aber ignorieren wir die Rhythmen auch aus dem einfachsten nur denkbaren Grund: *Sie sind uns unbekannt.* Vielleicht gehören Sie zu den Pionieren, die dieses Wissen zurückerobern wollen, langsam, nach und nach, ohne Hast und Eile. Denn es ist keineswegs zu spät, diese alte Kunst wiederzubeleben. Sie wartet nur auf Menschen, die sich nicht damit entschuldigen, »daß man allein ja doch nichts ausrichten kann«. Auch wenn in der heutigen Zeit noch so viele Anzeichen dafür sprechen, daß der Einzelne keinen Einfluß hat auf die Gesundung unserer Umwelt: Jede einzelne noch so ›kleine‹ Handlung zählt. Manchmal viel mehr als die großen Gesten und vor allem die großen Worte.

Alle in diesem Buch vorgestellten Regeln und Gesetze wurzeln ausschließlich in persönlicher Erfahrung und eigenem Erleben. Nichts stammt nur vom Hörensagen, nichts beruht auf Vermutungen oder Überzeugungen. Es gibt sicherlich noch viele weitere Rhythmen und Einflußfaktoren in der Natur, etwa in Zusammenhang mit dem menschlichen Biorhythmus, mit der Aktivität der Sonnenflecken, mit Weltraum- und Erdstrahlungen und dergleichen. Dieses Buch beschränkt sich jedoch ausschließlich auf die sieben verschiedenen ›Zustände‹ des Mondes:

 **Neumond**

 **Zunehmender Mond**

 **Vollmond**

 **Abnehmender Mond**

 **Der jeweilige Stand des Mondes in einem Sternzeichen des Tierkreises**

 **Aufsteigender Mond**

 **Absteigender Mond**

Die Frage, ob der Mond und seine Konstellation am Sternenhimmel einen direkten Einfluß ausübt oder ob, wie schon angedeutet, die jeweiligen Mond- und Sternenstände nur die Funktion von Uhrzeigern haben, die den jeweils beobachteten Einfluß anzeigen oder ankündigen, kann auch heute noch nicht endgültig beantwortet werden.

Wer sich mit Astronomie etwas auskennt und die einzelnen Sternbilder des Tierkreises am Nachthimmel identifizieren kann, wird vielleicht erstaunt feststellen, daß der ›tatsächliche‹ Stand von Sonne und Mond von dem im Kalender angegebenen etwas abweicht. Immerhin so sehr, daß der Mond etwa in Wirklichkeit gerade noch im Widder steht, während der Kalender schon den Einfluß des Zeichens Stier angibt. Vertrauen Sie jedoch den Kalendern. Bestimmte Bahnabweichungen von Sonne, Mond und Sternen in einem Rhythmus von 28 000 Jahren sind für diese Differenz verantwortlich. Der Einfluß der Tierkreiszeichen wird deshalb nicht nach dem wirklichen Stand des Mondes, sondern nach dem ›Frühlingspunkt‹ berechnet, nach dem Zeitpunkt der Tag-und-Nacht-Gleiche am 21. März. Auch die Erfahrung zeigt, daß diese Berechnung zur Identifikation der Einflüsse die richtige ist, denn selbst wenn der Mond real noch in den Fischen steht, herrscht bisweilen schon der Kraftimpuls, dem unsere Vorfahren den Namen ›Widder‹ gegeben haben.

Die Berechnungsgrundlagen sind sehr komplex, und es ist hier nicht der Ort, die genauen Zusammenhänge zu entschlüsseln. Wir möchten Sie deshalb auf die umfangreiche astronomische Literatur verweisen.

Die Diskrepanz zwischen tatsächlichem Mondstand und Kalendermondstand gibt vielleicht einen Hinweis auf die möglichen Ursachen der Mondrhythmen, denn damit dürfte feststehen, daß die Sternenkonstellation selbst – in Milliarden von Lichtjahren Entfernung – beim Erkennen und Nutzen der zwölf Kraftimpulse keine Rolle spielt. Vielleicht als Anregung: Ein Forscher, der die Wechselwirkung zwischen Mondstand und Impulsqualität auf der Erde ergründen möchte, sollte nach Resonanzphänomenen Ausschau halten, die durch das Kreisen und Schwingen von Mond, Erde und Planeten um die Sonne entstehen – so, als ob er ein mehrdimensionales Musikinstrument studiert, das zwölf deutlich voneinander unterscheidbare Töne erzeugt.

> *»Welche Bedeutung Resonanz hat, das Mitschwingen eines Körpers mit der von einem anderen Körper ausgesandten Schwingung, konnte ich als kleiner Junge im Vorschulalter feststellen. Beim Spielen im Garten neben einer leeren Zinkbadewanne hörte ich plötzlich einige Minuten lang leise Musik und schließlich einen Nachrichtensprecher. Die Töne kamen aus der Badewanne und verschwanden, wenn ich sie anfaßte. Die Wanne besaß unter bestimmten Bedingungen die gleiche Frequenz wie der Radiosender in der Nähe, ihre Bauweise verstärkte die Schwingungen bis zur Hörbarkeit.«*

Die Kräfte und ihre Wirkungen auf Mensch, Tier und Pflanze sind – völlig unabhängig von ihrer Ursache – jederzeit durch *Erfahrung* beweisbar. Die Ursachenforschung muß sich derzeit noch mit Spekulation, Meinung oder Überzeugung begnügen, sicherlich jedoch nicht mehr lange. Seit langem hat sich allerdings eine Sprachregelung durchgesetzt: Etwa »Das Zeichen Steinbock wirkt auf die Knie« oder »Der Vollmond beeinflußt die Psyche«. Diese Ausdrucksweisen sind der Einfachheit halber im Buch beibehalten worden.

Der Neumond

Bei seinem etwa 28 Tage währenden Umlauf um die Erde wendet der kleine Mond der Erde stets nur eine Seite zu, die Seite, die wir in ihrer ganzen Pracht bei Vollmond zu sehen bekommen. Die Astronomen nennen einen solchen ›starren‹ Umlauf eines Trabanten um einen anderen Himmelskörper ›gebundene Rotation‹.

Steht nun der Mond – von der Erde aus gesehen – ›zwischen‹ der Erde und der Sonne, dann liegt die uns zugewandte Seite völlig im Dunkeln. Er ist dann nicht zu erkennen, und auf der Erde herrscht **Neumond** (in alter Zeit auch ›toter Mond‹ genannt).

Eine wichtige Beobachtung ist, daß der Mond bei Neumond vor demselben Sternenhintergrund und somit im selben Tierkreiszeichen steht wie die Sonne. Das ist verständlich, wenn man bedenkt, daß der Mond bei Neumond der Sonne am nächsten steht und somit Sonne, Mond und Betrachter auf der Erde fast eine Linie bilden. So befindet sich der Neumond etwa im März immer im Zeichen der Fische, im August immer im Zeichen Löwe, und so fort.

Sich diese Regel zu merken ist sinnvoll, wenn man überschlägig berechnen will, in welchem Tierkreiszeichen sich der Mond im Augenblick gerade befindet. Halten Sie sich vor Augen: Der Mond hält sich immer zwei bis drei Tage lang in einem Tierkreiszeichen auf. Der nächste Vollmond nach dem Märzneumond hat also genau die Hälfte des Tierkreises zurückgelegt, ist somit sechs Tierkreiszeichen weitergewandert und muß sich demnach vierzehn Tage später im Zeichen Jungfrau oder Waage befinden. Das Prinzip läßt sich auf alle anderen Monate des Jahres übertragen.

In Kalendern ist der Mond bei Neumond meist als schwarze Scheibe eingezeichnet. Eine kurze Zeit besonderer Impulse auf Mensch, Tier und Pflanze herrscht: Wer jetzt beispielsweise einen Tag lang fastet, beugt vielen Krankheiten vor, weil die Entgiftungsbereitschaft des Körpers am höchsten ist. Will man schlechte Gewohnheiten über Bord werfen, ist dieser Tag als Startpunkt geeigneter als fast jeder andere Tag. Kranke Bäume können nach einem Rückschnitt an diesem Tag wieder gesunden. Die Erde beginnt einzuatmen.

Die Impulse der Neumondtage sind nicht so stark unmittelbar zu spüren wie die des Vollmonds, weil die Umpolung und Neuorientierung der Kräfte vom abnehmenden zum zunehmenden Mond nicht so heftig erfolgt wie umgekehrt bei Vollmond.

Der zunehmende Mond

Schon wenige Stunden nach Neumond kommt – auf der Mondoberfläche von links nach rechts wandernd – die der Erde zugewandte Seite des Mondes zum Vorschein, eine feine Sichel zeigt sich, der **zunehmende Mond** mit seinen wiederum spezifischen Einflüssen macht sich auf den Weg. Die etwa sechstägige Reise bis zum Halbmond wird auch I. Viertel des Mondes genannt, die Wanderung bis zum Vollmond nach etwa 13 Tagen II. Viertel.

Alles, was dem Körper zugeführt werden soll, was ihn aufbaut und stärkt, wirkt zwei Wochen lang doppelt gut. Je weiter der Mond zunimmt, desto ungünstiger kann die Heilung von Verletzungen und Operationen verlaufen. Wäsche beispielsweise wird bei gleicher Waschmittelmenge nicht mehr so sauber wie bei abnehmendem Mond. Bei zunehmendem Mond und Vollmond kommen mehr Kinder zur Welt.

Der Vollmond

Schließlich hat der Mond die Hälfte seiner Reise um die Erde vollendet, seine uns zugewandte Seite steht als **Vollmond,** als helle kreisrunde Scheibe am Himmel. Von der Sonne aus gesehen befindet sich der Mond jetzt ›hinter‹ der Erde. In Kalendern ist der Vollmond als helle Scheibe eingezeichnet.

Auch in den wenigen Stunden des Vollmonds macht sich auf der Erde bei Mensch, Tier und Pflanze eine deutlich spürbare Kraft bemerkbar, wobei der Richtungswechsel der Mondimpulse von zunehmend zu abnehmend stärker empfunden wird als der Kraftwechsel bei Neumond. ›Mondsüchtige‹ Menschen wandeln im Schlaf, Wunden bluten stärker als sonst, an diesem Tag gesammelte Heilkräuter entfalten größere Kräfte, jetzt beschnittene Bäume könnten absterben,

Polizeireviere verstärken ihre Besatzung, weil sie regelmäßig mit einer Zunahme von Gewalttaten und Unfällen rechnen, Hebammen legen Sonderschichten ein.

Der abnehmende Mond

Langsam wandert der Mond weiter, der Schatten ›beult‹ ihn scheinbar – von rechts nach links – aus, die etwa dreizehntägige Phase des **abnehmenden Mondes** beginnt (III. und IV. Viertel).

Wieder ist unseren Vorfahren die Entdeckung besonderer Einflüsse während dieser Zeit zu verdanken: Operationen gelingen besser als sonst, fast alle Hausarbeiten gehen leichter von der Hand, selbst wer jetzt etwas mehr ißt als sonst, nimmt nicht so schnell zu. Viele Arbeiten in Garten und Natur sind jetzt begünstigt (etwa das Aussäen und Pflanzen von unterirdischem Gemüse) oder wirken sich eher ungünstig aus (etwa auf das Veredeln von Obsthölzern).

Der Mond im Tierkreis

Wenn die Erde um die Sonne wandert, hält sich die Sonne von der Erde aus gesehen im Laufe eines Jahres jeweils einen Monat lang in einem Sternbild des Tierkreises auf. Die gleichen Tierkreiszeichen durchläuft der Mond bei seinem etwa 28tägigen Umlauf um die Erde, wobei er sich jedoch in jedem Zeichen nur zirka zweieinhalb Tage lang aufhält.

Die zwölf unterschiedlichen Kräfte, die mit dem Mondstand im Tierkreis assoziiert sind, lassen sich nur selten so unmittelbar spüren wie der Vollmond. Der Einfluß auf Pflanze, Tier und Mensch ist jedoch deutlich erkennbar, besonders die Wirkungen auf Körper und Gesundheit und in Garten und Landwirtschaft (Ernteerträge, Unkrautbekämpfung, Düngen). Der Mond in Jungfrau (Element Erde) beispielsweise gilt im Pflanzenreich als ›Wurzeltag‹. Maßnahmen zur Förderung des Wurzelwachstums in diesen zwei oder drei Tagen sind wirksamer und erfolgreicher als an anderen Tagen.

Besonders in der Heilkunde wurde früher das Wissen um die Zusammenhänge zwischen Mondstand und Krankheitsverlauf gewissenhaft befolgt. Hippokrates, Mentor aller Ärzte, wußte um die Kräfte des Mondes und belehrte seine Schüler unmißverständlich: »Wer Medizin betreibt, ohne den Nutzen der Bewegung der Sterne zu berücksichtigen, der ist ein Narr« und »operiert nicht an jenem Teil des Körpers, der von dem Zeichen regiert wird, das der Mond gerade durchquert«.

Bei uns Menschen übt der jeweilige Mondstand im Tierkreis spezifische Einflüsse auf Körper- und Organbereiche aus. Üblicherweise spricht man davon, daß jede Körperzone von einem bestimmten Tierkreiszeichen ›regiert‹ wird. Die genauen Zusammenhänge können Sie der zusammenfassenden Tabelle am Schluß dieses Kapitels entnehmen.

Unsere heilkundigen Vorfahren entdeckten das folgende Prinzip:

> **Alles, was man für das Wohlergehen jener Körperregion tut, die von dem Zeichen regiert wird, das der Mond gerade durchschreitet, ist wirksamer als an anderen Tagen. Mit Ausnahme von chirurgischen Eingriffen.**
>
> **Alles, was die Körperregion, die von dem Zeichen regiert wird, das der Mond gerade durchschreitet, besonders belastet oder strapaziert, wirkt schädlicher als an anderen Tagen.**
>
> **Chirurgische Eingriffe am jeweiligen Organ oder Körperteil sollte man in dieser Zeit, wenn möglich, vermeiden. Notoperationen gehorchen einem höheren Gesetz.**

Nimmt der Mond gerade zu, wenn er das jeweilige Zeichen durchläuft, sind alle Maßnahmen zur Zuführung aufbauender Stoffe für das von ihm regierte Organ erfolgreicher als bei abnehmendem Mond. Nimmt er gerade ab, sind alle Maßnahmen zum Entgiften und Entlasten des jeweiligen Organs erfolgreicher als bei zunehmendem Mond.

Chirurgische Eingriffe sind nur scheinbar eine Ausnahme von dieser Regel. Sie dienen zwar letztlich dem Wohlergehen des jeweiligen Organs oder des ganzen Körpers, wirken sich aber im Augenblick der Operation und in der ersten Zeit danach belastend für das Organ aus. Im II. Kapitel werden diese Zusammenhänge noch ausführlich besprochen.

Der aufsteigende und absteigende Mond

Vielfach wird im Buch schließlich die Rede sein von den **aufsteigenden** und **absteigenden** Kräften des Mondes (in manchen Regionen auch ›übergehender‹ und ›untergehender‹ Mond genannt).

Wichtig zu wissen ist zuallererst, daß der aufsteigende und absteigende Mond nichts mit den Mondphasen zu tun hat, also damit, ob er gerade abnimmt oder zunimmt. Auf- und absteigender Mond sind Begriffe, die mit Stand des Mondes im Tierkreis zusammenhängen.

Allen Tierkreiszeichen, die die Sonne in ihrem Jahreslauf von der Wintersonnenwende (21. Dezember) bis zur Sommersonnenwende (21. Juni) durchwandert (*Schütze bis Zwillinge*), wohnt eine **aufsteigende** Kraft inne – die Kraft des Winters und des Frühlings, die allmähliche Zunahme, Expansion, Wachstum und Blüte signalisiert.

Eine **absteigende** Kraft dagegen ist den Zeichen der zweiten Jahreshälfte (*Zwillinge bis Schütze*) zu eigen – die Kräfte von Sommer und Herbst, die Reife, Ernte, Niedergang, und Ausruhen bedeuten.

Die Zeichen Zwillinge und Schütze werden im Sprachgebrauch üblicherweise nicht so genau festgelegt, weil sie *Wendepunkte* zwischen den auf- und absteigenden Kräften darstellen, und deshalb nicht ganz so eindeutig einer der beiden Kräfte zugerechnet werden können. Die genaue Unterscheidung wird erst wichtig bei der jeweiligen Tätigkeit, die man ins Auge gefaßt hat.

Schütze Steinbock Wassermann Fisch Widder Stier (Zwillinge)	aufsteigende Kraft	Zwillinge Krebs Löwe Jungfrau Waage Skorpion (Schütze)	absteigende Kraft

Die beiden Eigenschaften ›aufsteigend‹ und ›absteigend‹ machen sich nun auch bei der 28tägigen Reise des Mondes durch den Tierkreis bemerkbar – fast als ob die Kräfte von Frühling, Sommer, Herbst und Winter auch im Lauf eines einzigen Monats spürbar wären. Sie tragen zur individuellen ›Farbe‹ des jeweiligen Zeichens bei und wirken sich – je nach Mondphase – besonders in Garten und Natur, aber auch in der Heilkunde aus.

Die Zeit des aufsteigenden Mondes wurde auch als ›Erntezeit‹, die Zeichen mit absteigender Kraft als ›Pflanzzeit‹ bezeichnet, weil in Landwirtschaft und Gartenbau neben den anderen Rhythmen auch das Beachten dieser beiden unterschiedlichen Impulse von großem Nutzen ist. Bei aufsteigendem Mond (*Schütze bis Zwillinge*) steigen die Säfte auf, Obst und Gemüse sind besonders saftig, die oberirdische Entwicklung der Pflanzen wird besonders begünstigt. Bei absteigendem Mond (*Zwillinge bis Schütze*) ziehen die Säfte mehr nach unten und fördern die Wurzelbildung.

Früher baute man sich eine Eselsbrücke, um die beiden

Impulse unterscheiden zu können. Wenn das Zeichen ◡ in einem Kalender eingezeichnet ist, sieht dieses Mondzeichen wie eine Schüssel aus: aufsteigender Mond, die Schüssel wird aufgefüllt – Erntezeit. Umgekehrt ◠ zeigt es den absteigenden Mond an – Pflanzzeit.

Eine weitere einfache Methode, um sich zu merken, welches Zeichen aufsteigende und welches absteigende Kraft hat, verlangt die Kenntnis der von den Tierkreiszeichen regierten Körperzonen. Anhand der Tabelle am Schluß des Kapitels dürfte das nicht schwerfallen.

Der *Widder*- und *Stier*-Einfluß ist aufsteigend. Diese ersten beiden Zeichen im Tierkreis regieren die oberen Extremitäten von Kopf bis zu Nacken und Schultergürtel. Die letzten vier Zeichen, *Schütze (Knotenpunkt), Steinbock, Wassermann* und *Fische* sind ebenfalls aufsteigend und regieren die unteren Extremitäten – Oberschenkel, Knie, Unterschenkel und Füße. Diese Zeichen im Tierkreis weisen also nach außen: schulterauf- und seitwärts und knieabwärts = aufsteigende Kraft.

Die ›mittleren‹ sechs Tierkreiszeichen (*Zwillinge bis Schütze*) weisen ›einwärts‹ in den Körper und betreffen hauptsächlich seine inneren Organe: Brust, Lunge, Leber und Nieren bis hinab zur Hüfte = absteigendc Kraft.

Kombinationswirkungen

Die sieben beschriebenen Kraftimpulse können sich teilweise gegenseitig durchdringen, sich verstärken, abschwächen und zur Umorientierung der jeweiligen Impulseigenschaften beitragen.

Beispielsweise sind Maßnahmen zur Entgiftung des Körpers im abnehmenden Mond bei einem Tierkreiszeichen mit absteigender Kraft wirksamer als bei einem Zeichen mit aufsteigender Kraft. (Denken Sie daran, daß alle inneren Organe, auch die entgiftenden, von Zeichen mit absteigender Kraft regiert werden!)

Steht etwa der Mond im Löwen, was eine Herzoperation ungünstig beeinflussen würde, wird die negative Kraft durch einen gerade zunehmenden Mond (was von Februar bis August der Fall ist) noch um ein Vielfaches verstärkt. Ein Mittel zur Herzkräftigung dagegen in einem Zeichen *mit aufsteigender Kraft bei zunehmenden Mond* verabreicht ist wirksamer als das gleiche Mittel *im abnehmenden Mond bei einem Zeichen mit absteigender Kraft* gegeben.

Den Pionieren unter den Lesern, besonders auch den Ärzten und Heilpraktikern, soll es überlassen bleiben, die folgenden Rhythmen zu studieren und die entsprechenden Schlüsse zu ziehen.

Ein paar Ärzte und Heilpraktiker kenne ich inzwischen persönlich, die mit diesen Rhythmen Erfahrungen sammeln. Gerade etwas langwierige Krankheiten könnten mit dieser Methode und einer leichten Einstellungsänderung oft gelindert werden. Beobachtung und Geduld ist hier angesagt. Beides paßt nicht so recht in unsere schnellebige Zeit.

Die Verteilung der Tierkreiszeichen auf die Mondphasen

Zeichen	*im zunehmenden Mond*	*im abnehmenden Mond*
Widder	Oktober bis April	April bis Oktober
Stier	November bis Mai	Mai bis November
Zwillinge	Dezember bis Juni	Juni bis Dezember
Krebs	Januar bis Juli	Juli bis Januar
Löwe	Februar bis August	August bis Februar
Jungfrau	März bis September	September bis März
Waage	April bis Oktober	Oktober bis April
Skorpion	Mai bis November	November bis Mai
Schütze	Juni bis Dezember	Dezember bis Juni
Steinbock	Juli bis Januar	Januar bis Juli
Wassermann	August bis Februar	Februar bis August
Fische	September bis März	März bis September

Wenn Sie nicht immer wieder in der Tabelle nachschauen wollen, können Sie sich auch folgende Faustregel merken:

Das Tierkreiszeichen, in dem sich die **Sonne** gerade befindet, steht von diesem Monat an ein halbes Jahr lang im abnehmenden, danach ein halbes Jahr im zunehmenden Mond – also etwa im März: Sonne in Fische, Neumond in Fische.

Besonders interessant ist folgende Beobachtung: Wenn man das Wissen um die von den Tierkreiszeichen regierten Körperregionen mit den obigen Angaben zum Jahreslauf der Tierkreiszeichen im Mond und den Gesetzmäßigkeiten kombiniert, dann folgt konsequent, daß Maßnahmen zur Heilung bestimmter Organe und Körperregionen *in den beiden Halbjahren jeweils unterschiedliche Wirkungen haben* – eine durch zahlreiche Erfahrungen erhärtete Feststellung.

Ein Beispiel: Hüftoperationen (die Hüftregion wird regiert vom Zeichen Waage) werden in den Monaten Oktober bis April (Waage stets im abnehmenden Mond) bessere Resultate zeitigen als in der anderen Jahreshälfte, vorausgesetzt, der Eingriff erfolgt nicht genau an den Waagetagen.

Wenn man diesen Rhythmus erfaßt hat, kann man das Prinzip mühelos auf alle anderen Körperzonen und Organe übertragen.

»So hat jedes Tierkreiszeichen, zeitlich jeweils um einen Monat verschoben, die unterstützende Kraft ein halbes Jahr zum Ausschwemmen von Giften und ein halbes Jahr zum Zuführen aufbauender Stoffe zur Verfügung. Ich habe diesen Zusammenhang entdeckt, weil ich mir stets den Zeitpunkt aufschreibe, wenn eine Maßnahme besonders hilft oder schlicht eine gute Wirkung hat. Ebenso notiere ich mir, wenn ein ansonsten ›gutes‹ Mittel, in günstigen Mondphasen oder am zuständigen Tierkreiszeichen verabreicht, die üblicherweise eintretende Wirkung verfehlte. Aus jahrelangen Beobachtungen kam ich zu dem Schluß,

daß bestimmte Anwendungen beispielsweise im Herbst schneller zum gewünschten Erfolg führen als im Frühling und umgekehrt.«

Eine der wichtigsten Regeln ist **jedoch, chirurgische Eingriffe, wenn möglich, bei abnehmenden Mond** vorzunehmen, auch wenn dieses Wissen kaum Anwendung findet und den Ärzten noch weithin unbekannt ist. Es paßt einfach nicht reibungslos genug in eine ›wissenschaftliche Schublade‹. Jedoch auch das Wissen, daß man sich vor Operationen die Hände waschen sollte, brauchte Jahre und Jahrzehnte, bevor es als ›richtig‹ akzeptiert wurde.

Besondere Rhythmen

Sie werden in diesem Buch auch mit ganz besonderen Rhythmen Bekanntschaft machen: Regeln und besondere Termine, die vom Mondstand völlig unabhängig sind. Sie gehören zu den seltsamsten und unerklärlichsten Dingen zwischen Himmel und Erde, und wir werden erst gar nicht den Versuch einer Begründung machen. Wie soll man erklären, daß Holz, am 1. März nach Sonnenuntergang geschlagen, nicht brennt?

Im Vertrauen darauf, daß es interessierte und neugierige Leser gibt, die diese merkwürdigen Gesetze einfach einmal ausprobieren: Sie sind so gültig wie alle anderen Regeln auch.

Der Zeitpunkt der Berührung

Viele Menschen interessiert die Frage: Wie kann es sein, daß ein bestimmter ›günstiger‹ Termin, etwa zum Ernten von Obst oder zum Einnehmen eines Medikaments, sich oft sehr langfristig positiv auswirkt, wenn doch oft schon kurze Zeit später der entgegengesetzte negative Einfluß herrscht, der dieselbe Handlung fast zum Scheitern verurteilt? Kann die negative Energie dann nicht die positive aufheben?

Kartoffeln beispielsweise sind, zum richtigen Zeitpunkt geerntet und gelagert, monatelang haltbar. Nur ein paar Tage früher oder später geerntet verderben sie manchmal schon nach kürzester Zeit.

Die Antwort klingt vielleicht etwas geheimnisvoll, entspricht jedoch den Tatsachen: Der Zeitpunkt der ›Berührung‹ ist der entscheidende Faktor, der Zeitpunkt des Handelns gegenüber einem Menschen, einem Tier oder einer Pflanze.

Berühre ich ein Wesen in der Natur zu einem bestimmten Zeitpunkt, sei es durch meine Gedanken oder meine Hände, durch meine inneren und äußeren Absichten, dann übertrage ich in diesem Augenblick feine Energien, im besonderen auch die Kräfte, die durch die Mondphasen und den Mondstand im Tierkreis gekennzeichnet sind – wie mit einem Brennglas, das die vorhandenen, zerstreuten Energien auf einen Punkt bündelt und dort größere Wirkung erzielt als ungebündelt.

Diese Kräfte wirken, um beim Beispiel zu bleiben, so stark, daß sogar das ›Berühren‹ *schon gelagerter* Kartoffeln je nach Zeitpunkt unterschiedlich wirkt. Wenn man feststellt, daß Kartoffeln vorzeitig verderben, weil sie zum ›falschen‹ Zeitpunkt geerntet und gelagert wurden, läßt sich oft noch vieles retten, wenn man sie an einem *günstigen* Tag umlagert. Umgekehrt kann man manchmal feststellen, daß eingekellerte Kartoffeln plötzlich schnell verderben, wenn sie an einem ungünstigen Termin ›berührt‹ und bewegt werden – etwa durch Nachrutschen, wenn man einige Kartoffeln als Küchenvorrat holt.

Viele scheinbar widersprüchliche Erfahrungen im Alltag, in der Heilkunde, in Garten und Natur und im Haushalt finden hier vielleicht eine einleuchtende Erklärung. Das Prinzip läßt sich leicht auf alle Regeln übertragen, die in diesem Buch vorgestellt werden.

Die Tierkreiszeichentabelle

Die folgende Tabelle ist ein wichtiges Handwerkszeug. Sie gibt einen Überblick über die unterschiedlichen Wirkungsimpulse der einzelnen Tierkreiszeichen – auf Körperzonen, Pflanzenteile, Nahrungsqualität etc. und zeigt Ihnen die gebräuchlichsten Symbole für die Tierkreiszeichen, um das Auffinden und Identifizieren der Zeichen in den Kalendern im Anhang des Buches zu erleichtern. Kopieren Sie sich die Tabelle und lassen Sie sich von ihr durch das Buch begleiten.

Die Tierkreiszeichentabelle

Tierkreis-zeichen	*Symbole neu alt*	*Körperzone*	*Organ-system*
Widder		Kopf, Gehirn, Augen, Nase	Sinnes-organe
Stier		Kehlkopf, Sprach-organe, Zähne, Kiefer Hals, Mandeln, Ohren	Blut-kreislauf
Zwillinge		Schulter, Arme, Hände, Lunge	Drüsen-system
Krebs		Brust, Lunge Magen, Leber, Galle	Nerven-system
Löwe		Herz, Rücken, Zwerch-fell, Blutkreislauf, Schlagader	Sinnes-organe
Jungfrau		Verdauungsorgane, Nerven, Milz, Bauch-speicheldrüse	Blut-kreislauf
Waage		Hüfte, Nieren, Blase	Drüsen-system
Skorpion		Geschlechtsorgane, Harnleiter	Nerven-system
Schütze		Oberschenkel, Venen	Sinnes-organe
Steinbock		Knie, Knochen, Gelenke, Haut	Blut-kreislauf
Wassermann		Unterschenkel, Venen	Drüsen-system
Fische		Füße, Zehen	Nerven-system

Pflanzenteil	*Element*	*Absteigend/ Aufsteigend*	*Nahrungsqualität*	*Tagesqualität*
Frucht	Feuer	⌣	Eiweiß	Wärmetag
Wurzel	Erde	⌣	Salz	Kältetag
Blüte	Luft	⌢	Fett	Luft/ Lichttag
Blatt	Wasser	⌢	Kohlenhydrat	Wassertag
Frucht	Feuer	⌢	Eiweiß	Wärmetag
Wurzel	Erde	⌢	Salz	Kältetag
Blüte	Luft	⌢	Fett	Luft/ Lichttag
Blatt	Wasser	⌢	Kohlenhydrat	Wassertag
Frucht	Feuer	⌣	Eiweiß	Wärmetag
Wurzel	Erde	⌣	Salz	Kältetag
Blüte	Luft	⌣	Fett	Luft/ Lichttag
Blatt	Wasser	⌣	Kohlenhydrat	Wassertag

II

Gesund leben, gesund werden, gesund bleiben in Harmonie mit den Mondrhythmen

Denkst du, du kannst das Universum in die Hand nehmen
und es vollkommen machen?
Ich glaube nicht, das sich dies tun läßt.

Das Universum ist heilig.
Vollkommener machen kannst du es nicht.
Wenn du es verändern willst, wirst du es zugrunde richten.
Wenn du es festhalten willst, wird es dir entgleiten.

So sind die Dinge manchmal voraus, manchmal zurück;
Manchmal fällt das Atmen schwer, manchmal geschieht
es mühelos;
Manchmal ist Kraft da und manchmal Schwäche;
Manchmal wird man nach oben getragen, manchmal nach
unten gedrückt.

Daher meidet der Weise Übertreibung, Maßlosigkeit und
Selbstzufriedenheit.

LAO TSE

Gedanken über die Gesundheit

Jeder Mensch glaubt zu wissen, was Gesundheit bedeutet. Und doch: Noch vor wenigen Jahren wurde Gesundheit höchst offiziell von der Weltgesundheitsorganisation definiert als die ›Abwesenheit von Krankheit‹ – vielleicht deshalb, weil man Gesundheit oft erst dann als ein ›höchstes Gut‹ empfindet, wenn man es gerade vermissen muß. Trotzdem könnte nichts ferner der Wahrheit sein, und viele Ärzte und Heilpraktiker bemühen sich heute um eine neue Sichtweise. So schreibt etwa der Münchner Arzt und Buchautor Dr. med. Harald Kinadeter: »Gesundheit bedeutet für uns die Kraft und die Fähigkeit, das zu werden, was wir sind, und das zu überwinden, was uns daran hindert, und bezeichnet den Zustand, der sich daraus ergibt, ein harmonisches Zusammenspiel der verschiedenen Prozesse, die den Menschen definieren im Dienste einer Absicht, die dem Sinn des Lebens folgt«.

Unsere Vorfahren wußten um diese Zusammenhänge. Heilkundige Priesterärzte, Schamanen und Medizinmänner handelten und heilten nach der Erkenntnis, daß wir Menschen keine Maschinen sind. Daß wir mehr sind als ein schlecht und recht aufeinander eingespieltes System von Knochen, Nerven, Muskeln und Organen, zusammengehalten vom ›Zufall‹ der Evolution. Daß Körper, Geist und Seele sich gegenseitig beeinflussen und in untrennbarer Verbindung mit allem stehen, was uns umgibt – mit anderen Menschen, der Natur und sogar den Sternen.

Sie wußten, daß Krankheit entsteht, wenn der Mensch – aus welchen Gründen auch immer –, das dynamische Fließgleichgewicht zwischen den vielen Elementen des Lebens nicht mehr aufrechterhalten kann – zwischen Spannung und Entspannung, zwischen gesundem Egoismus und Hingabe, zwischen dem Auf und Ab des Schicksals.

Alles in der Natur ist Klang, Schwingung und Rhythmus. Ein ›Leben im Gleichgewicht‹ bedeutet daher, diese Rhythmen nicht *dauernd* zu mißachten oder ständig gegen ihren Strom zu schwimmen. Gleichgewicht hat andererseits nichts mit Rhythmus nach der Uhr, nichts mit Bequemlichkeit, mit einem trägen, gleichmäßigen, ›lauwarmen‹ Dahinfließen der Zeit zu tun. Dosiertes Übertreiben ist genauso wichtig für eine gesunde Lebensführung wie Regelmäßigkeit und Rhythmus im Alltag. Jedes Organ, jedes lebende Wesen braucht dosierte Stöße, Schocks sozusagen, um bis an die Grenzen seiner Entfaltungsmöglichkeiten vorzustoßen.

Unser Körper ist wie ein verläßliches und robustes Schiff, das einer gewissen Pflege bedarf, um seine volle oder altersentsprechende Leistung bringen zu können, und das mehr oder weniger regelmäßig ›Treibstoff‹ in Form von Sauerstoff und vielfältiger Nahrungsmittel braucht. Und nicht nur der Körper braucht Nahrung, vollwertige und gesunde Nahrung, sondern auch Geist und Seele. Das merkwürdige naturwissenschaftliche Weltbild, von dem unser Zeitgeist heute regiert wird, hat uns fast vergessen lassen, daß im ›Fahrzeug Körper‹ auch unsere Gefühle, unser Denken, unsere Instinkte eine große Rolle spielen. Und vor allem, daß es auf einen Kapitän wartet: das Bewußtsein.

Unser Bewußtsein, unsere Einstellung dem Leben gegenüber ist es, die über das Schicksal unseres Körpers mitentscheidet, die seine Gesundheit, seine Leistungsfähigkeit und seine Freude am Leben mitbestimmt. Und gleichzeitig über das Schicksal der Natur, der Umwelt. Ihr Zustand ist immer ein genaues Spiegelbild unseres eigenen Zustandes, körperlich wie geistig.

Was ist mit ›Einstellung‹ gemeint? Stellen Sie sich vor, Sie tragen Ihr allerschönstes Gewand zum Sonntagsspaziergang. Zur Schadenfreude der Umstehenden landet ein Haufen Vogelmist mit einem satten *Platsch!* auf Ihren Schultern. Was nun? Wut wird Sie dem Magengeschwür oder dem Herzinfarkt einen Schritt näherbringen, Selbstmitleid wird das Gefühl Ihrer eigenen Wichtigkeit stärken und Ihnen fast noch mehr schaden. Sie können aber auch fröhlich pfeifend nach Hause gehen und das gute Stück reinigen, mit einem innigen Dank an Gott auf den Lippen, daß er Kühen keine Flügel verliehen hat...

Ernsthaft gesprochen: Es gibt natürlich viel Schlimmeres

im Leben als schmutzige Jacken. Ein guter Kapitän weiß jedoch, daß seine *Einstellung* vieles beeinflußt und entscheidet. Er weiß, daß die ›Krankheit der Selbstverständlichkeit‹ viel schlimmer ist als alle anderen und achtet darauf, daß für ihn nichts ›selbstverständlich‹ ist – im Glück wie im Unglück. Enttäuschungen im Leben sind immer so groß wie die Hoffnungen und Erwartungen, die man vorher hegte. Und der Kapitän weiß auch: Ein schnelles Schiff zu besitzen, macht ihn nicht schon zu einem besseren Navigator, geschweige denn zu einem mit gutem Richtungssinn.

Unser Körper ist ein wahres Wunderwerk. Über Jahre und Jahrzehnte hinweg verzeiht er scheinbar alles: falsche Ernährung, Bewegungsmangel, Alkohol und Nikotin im Übermaß, Streß und die langjährige Mißachtung seiner natürlichen Rhythmen. Das macht eine Änderung von Lebensgewohnheiten auch so schwierig: Soviel ist schon liebgewordene Routine geworden, daß man nicht mehr davon lassen möchte. Und so wenig wissen wir um die wahren Bedürfnisse und Rhythmen unseres Körpers.

Um ein erfahrener und wohlwollender ›Manager‹ Ihres Lebens zu werden, müssen Sie wissen, wie Ihr Körper funktioniert, welche Belastungsgrenzen es gibt, unter welchen Bedingungen er seine volle Leistungsfähigkeit an den Tag legt. Dazu gehört großer Mut. Der Mut, zu erkennen, daß man fast immer erntet, was man selbst gesät hat, daß uns Krankheiten eben nicht aus heiterem Himmel befallen und daß unser ganzes Leben Rhythmen unterworfen ist – mit Wellenbergen *und* Wellentälern, Höhen *und* Tiefen.

Im Westen leben wir im Zeitalter des ›Fitneßterrors‹. Allzeit fit, allzeit schön, allzeit auf der Höhe, allzeit bereit. Dieses Ideal ist fast eine Kriegserklärung an die Natur, denn sie diktiert uns auch Wellentäler, und wir täten gut daran, uns mit ihnen anzufreunden. Es gehört Mut dazu, in der heutigen Zeit den Wellentälern kühl und gelassen zu begegnen, sie zu akzeptieren, ohne sich zu wehren oder zu betäuben oder aufzuputschen. Es gibt ihn wirklich, den gesunden Menschenverstand. Wer auf ihn zu hören gelernt hat, weiß: »Es gibt keine Berge ohne Täler.«

Der Mensch kann nicht tausend Tage gute Zeit haben, so wie die Blume nicht hundert Tage blühen kann.

TSENG-KUANG

Es ist eine Urpflicht, auf unseren Körper und auf unsere Umwelt zu achten. Die ›Zivilisation‹ betäubt das Gefühl für diese Pflicht, unter anderem dadurch, daß wir in so vielen Lebensbereichen die Verantwortung für uns selbst abgeben können (»Macht nichts, ich bin ja versichert ...«).

Wenn es gelingt, nur einem einzigen Leser zu zeigen, wie leicht, wie angenehm es sein kann, sich den Rhythmen der Natur zu ›unterwerfen‹, aus Freundschaft mit sich selbst, dann ist schon viel erreicht. Erst wer sein eigener bester Freund wird, kann zum Freund seiner Mitmenschen werden. Das alte und bewährte Wissen um die Naturrhythmen verdient es, in Dankbarkeit ausprobiert zu werden, bevor man sich für den Gedanken entscheidet, daß es »so etwas nicht geben kann«.

Wo früher ein gelassenes Abwägen von Möglichkeiten und Alternativen die Lebensweise bestimmte, gilt heute das Prinzip Bequemlichkeit – Bequemlichkeit und scheinbar unbegrenzte Möglichkeiten. Ob unsere Gesundheit in Gefahr ist oder die ›Gesundheit‹ der Natur: An erster Stelle sollte das Gesetz der Vernunft stehen und nicht die Bequemlichkeit. Auf Fortschritt und Technik brauchen und sollten wir nicht verzichten. Doch das Stichwort ist ›mit Maß und Ziel‹. Wir dürfen Maß und Ziel nicht aus den Augen verlieren, dann ist ein vernünftiges Leben und eine intakte Umwelt gerade mit Hilfe von Forschung und Technik möglich.

Die Medizin hat gerade in den letzten Jahrzehnten gewaltige Fortschritte gemacht und vielen Menschen helfen können. Wenn es jetzt auch noch gelingt, diese wirklich guten Mediziner zu überzeugen, daß es Gesetze und Rhythmen gibt, die sehr günstig und manchmal auch sehr ungünstig auf unser Leben und unseren Körper einwirken, dann ist die Menschheit wieder ein Stück weitergekommen.

Ursache und Therapie

Tips und Ratschläge für eine gesunde Lebensführung gibt es Tausende. Abgesehen davon, daß es unmöglich ist, sie alle aufzuzählen: Es wäre geradezu langweilig. Dieses Kapitel möchte sich deshalb vorwiegend auf diejenigen beschränken, die mit dem Mondrhythmus zusammenhängen. Einige der Hinweise (wie auch einige Regeln in Kap. III) haben nichts mit der Bahn des Mondes zu tun und beruhen auf persönlicher, gelebter Erfahrung oder auf anderen Rhythmen.

In keinem Buch, das Ratschläge zur Gesundheit gibt, darf jedoch eine Hilfestellung zum Aufspüren der tieferliegenden Ursachen von Krankheit fehlen. Am Anfang jeder Therapie sollte die Frage stehen: »Woher kommt die Krankheit?«, und nicht die Frage: »Wie werde ich sie so schnell wie möglich los?« Wir sollten der Ursache gerade in die Augen sehen können, sonst bleibt jede Therapie bei der Symptombehandlung stehen, die Ursache bleibt unangetastet und kann weiterwirken.

Eine tiefgehende Antwort auf die Frage nach der Ursache ist fast schon die ganze Diagnose und die halbe Therapie. Zwei falsche Richtungen kann man dabei einschlagen. Man kann sich mit der Antwort zufriedengeben: »Ich bin erkältet, weil ich mich angesteckt habe.« Oder man kann drei Tage lang grübeln, in der eigenen Seele forschen, Eltern und Vorfahren die Schuld geben. Beides wird Ihnen nicht weiterhelfen.

Verzichten Sie auf die Suche nach demjenigen, der an einer Krankheit ›schuld‹ sein könnte. Es darf niemals darum gehen, Bösewichter zu identifizieren: den Körper, der nicht so ›will‹, wie wir wollen, die Psyche, die Eltern, die Vergangenheit, die Sachzwänge. Das dient oft nur dazu, die eigene Untätigkeit zu entschuldigen und weiter das ›Schicksal‹ zu verdammen. Wenn Sie obendrein zu den Menschen gehören, die von einer Medizin Wunder erwarten, zumindest, daß sie ohne Ihr Zutun ›von selbst‹ wirkt, dann werden Sie von diesem Buch nicht viel haben. Denn wahren Gewinn wirft es nur dann ab, wenn Sie damit arbeiten. Wenn Sie es als Herausforderung betrachten, Wachheit zu trainieren.

Wenn Sie eine ehrliche Antwort auf die Frage nach der Ursache gefunden haben, kann Ihnen auch ein Arzt viel besser helfen. Sie werden mit ihm gemeinsam arbeiten. Und nicht mehr mit der so häufigen Einstellung zum Arzt gehen: »Ich bin krank. Befreien Sie mich von meiner Krankheit.« Ärzte können Ihnen nur helfen, sich selbst zu helfen. Sie können Ihnen helfen, Ihre Selbstheilungskräfte zu wecken. Wenn Sie im tiefsten Inneren gar kein Interesse haben, gesund zu werden – weil Krankheit Aufmerksamkeit einträgt, weil man sich anderer Verantwortungen entziehen kann, weil sie wie ein geeigneter Ausweg aus einer schwierigen Situation erscheint, weil die Erkenntnis der eigenen Verantwortung für die Krankheit zu unbequem ist, usw. –, dann kann Ihnen auch kein Arzt helfen. Und dieses Buch erst recht nicht.

Bevor das Wissen um die Mondrhythmen echten Nutzen für eine gesunde Lebensführung bringen kann, ist eine Einsicht vonnöten: Krankheitsursachen sind oft nicht in unserem Körper zu suchen, sondern auf dem Nährboden falscher und destruktiver Denkgewohnheiten, meist in Zusammenhang mit Konkurrenzdenken, Angst und Gier. Sie sind oft die wahre Ursache hinter den ›vielen Sünden gegen die Natur‹, von denen schon Hippokrates spricht.

Wer einen kühlen, objektiven Blick in den Spiegel wirft, wird diese Schwächen nicht von vorneherein von sich weisen. Dieser kühle Blick auf sich selbst, im deutschen Sprachgebrauch auch ›Aufrichtigkeit‹ genannt, ist es, der es Ihnen möglich machen wird, die Tips auf den folgenden Seiten auf bestmögliche Weise zu nutzen.

Ausdrücklich sei noch einmal darauf hingewiesen, daß dieses Buch niemals den Arzt ersetzen soll und kann. Niemand sollte sich aufgefordert fühlen, allein ohne ärztlichen Rat eine Krankheit zu behandeln.

»Auf meinen Vorträgen berichten mir manchmal Leute von guten und weniger guten Ärzten. Ich glaube, es gibt nur gute Ärzte, aber sicher gibt es auch welche, die weniger Erfolg mit manchen Behandlungen haben. Der richtige Zeitpunkt für einen Behandlungsbeginn ist oft ausschlaggebend. Im Gespräch mit einigen Ärzten über den Mond und seinen Einfluß bekam ich anfangs natürlich arges Mißtrauen zu spüren. Aber jeder von ihnen, der sich die Mühe machte, in seiner Kartei meine Angaben rückwirkend nachzuprüfen und gute und schlechte Heilungserfolge mit dem jeweiligen Mondstand zu vergleichen, der konnte nur staunen. Inzwischen gibt es Gott sei Dank mehrere Ärzte, die bei den verschiedenen Behandlungen auf den Mondzyklus achten. Gerade bei immer wiederkehrenden oder chronischen Krankheitsbildern ist die Chance groß günstige Zeitpunkte für die Behandlung auszusuchen.«

Gute Ernährung, gute Verdauung – Grundpfeiler der Gesundheit

Eure Nahrung soll Eure Arznei sein.
HIPPOKRATES

Jeder Mensch hat es schon erlebt: Bestimmte kleinere oder größere Beschwerden können mit bestimmten Medikamenten, Salben oder Tees erfolgreich angegangen werden. Die Heilung erfolgt rasch, und oft sind die Symptome für immer verschwunden. Ein anderes Mal pflegt und behandelt man vergebens und die Überzeugung beschleicht einen, daß gar nichts helfen will.

Zuallererst muß herausgefunden werden, ob die Behandlung überhaupt sinnvoll war und welche Diagnose gestellt wurde. Blutreinigungstees wirken nicht, wenn krampflösende Mittel angezeigt sind, Schmerzmittel beseitigen nur das Symptom, wenn die Ursache in schlechtem Blut zu suchen ist, etc.

Oft enthüllt die Diagnose ein Ungleichgewicht in Ernährung und Verdauung als auslösenden Faktor. Dabei ist gerade eine gute Verdauung von zentraler Bedeutung für eine gesunde Lebensführung. Zahlreiche kleinere und größere Störungen und Krankheiten nehmen in Ernährungsfehlern und gestörter Verdauung ihren Anfang. Gleichzeitig werden nur wenige Themen in der Gesundheitsvorsorge und Krankheitsbehandlung so stiefmütterlich behandelt, so tabuisiert, wie gerade unsere Verdauungsvorgänge. Früher war es aus bestem Grunde selbstverständlich, daß sich Heilkundige und Ärzte alsbald nach der Beschaffenheit des Stuhls erkundigten und daraus wertvollste Schlüsse für Diagnose und Therapie zogen. Das Sprichwort »Du bist, was du ißt« entbehrt nicht einer gewissen Wahrheit. Alles, was unseren Körper betritt, kann zu Gift oder zu Medizin werden, je nach Inhaltsstoffen und Menge, und wie Sie noch sehen werden, auch weitgehend je nach Zeitpunkt des Aufnehmens.

In erster Linie ist jede Art von einseitiger Kost, jede Art von ›Diät‹ – außer bei bestimmten Krankheiten – von Übel. Ein Hinweis, den Sie sicher schon oft gehört haben, und der Ihnen vielleicht sogar schon zum Hals heraushängt. Doch warten Sie ab. Einseitig ist von Nachteil, selbst wenn das Essen noch so ›gesund‹ ist. Der Körper braucht sicherlich mehr als nur ›gesunde Körner‹, oder ›Ballaststoffe‹. Bitte verstehen Sie das nicht falsch: auch wir essen ›gesunde Körner‹ und Ballaststoffe braucht jeder Mensch. Aber eine gewisse Vielfalt ist nötig, um die Verdauungsorgane auf Trab zu halten, so wir jeder Muskel Bewegung braucht, um seine volle Leistungsfähigkeit zu erhalten.

Ein weiterer wichtiger Punkt ist, daß viele Menschen mit Verdauungsproblemen zu *übertriebenen* Maßnahmen neigen.

Meistens steckt wie so oft Ungeduld dahinter, die Erwartung schneller Resultate. Jahrelang geübte Verhaltensweisen und Eßgewohnheiten lassen sich jedoch nicht über Nacht ändern, und selbst wenn: Der Körper reagiert nur langsam auf Umstellungen, so wie ein verwöhnter Boden langsam auf natürliche Anbauweisen reagiert. Er braucht Zeit, um sich wieder an das Natürliche und den Rhythmen der Natur Angepaßte zu erinnern. Der Darm muß oft erst wieder die eigenen Signale wahrnehmen lernen.

Schon in der Schule werden uns natürliche Verdauungsrhythmen abtrainiert. Die Verdauungsvorgänge haben zu warten, bis die Unterrichtsstunde oder gar der Vormittag vorüber ist. Meist sind wir aber selbst zu ›faul‹, so zeitig aufzustehen, daß für ein geruhsames Frühstück und ›dringende Geschäfte‹ Zeit bleibt. Wenn die Verdauung nicht stimmt, ist fast immer eine leichte oder größere Umstellung der Lebens- und Eßgewohnheiten nötig, daran besteht kein Zweifel.

Wenn sich etwa aus dem Gleichgewicht geratene Verdauungsvorgänge in einer Verstopfung äußern, dann bleiben die Gifte, die normalerweise mit einem regelmäßigen Stuhlgang ausgeschieden werden, einfach zu lange im Körper und werden vom Dickdarm teilweise wieder in den Körper aufgenommen.

Eines der wirksamsten Mittel, um wieder zu einer regelmäßigen und gesunden Verdauung zurückzukehren, ist das *Beachten der Körpersignale.* Fast jeder hat es schon erlebt: Wenn man nur einige Minuten lang das Signal für den Stuhlgang ignoriert, dauert es manchmal Stunden oder gar Tage, bis es wiederkehrt. Was in diesen Stunden geschieht, wissen Sie nun. Natürlich ist es nicht immer leicht, Schulstunden oder geschäftliche Verhandlungen mit der Bemerkung zu unterbrechen: »Ich muß mal ...« Doch die Alternative ist Selbstvergiftung. Ungehaltene Seitenblicke der Anwesenden verraten nur deren Einstellung. Ignorieren Sie die Seitenblicke, und tun Sie Ihrer Gesundheit etwas Gutes.

Ein dogmatischer Stuhlhypochonder, der peinlich genau auf ›Regelmäßigkeit‹ achtet, ist natürlich genauso falsch gewickelt. Jeder hat seinen eigenen Rhythmus – ihn kennenzulernen und zu seinem Recht zu verhelfen, das sollte das Ziel sein.

Bücher, Radio, Fernsehen und besonders Zeitschriften quellen über mit Ratschlägen für eine ›gesunde Ernährung‹. Vorgestern noch waren Kartoffeln und Spaghetti die großen Dickmacher, gestern ist Kartoffeldiät schon der Schlankmacher Nr. 1, heute werden Nudeln zur Kraftnahrung erhoben. Fett (Cholesterin) ist heute der große Bösewicht, andererseits: Ohne Fett kann kein Mensch überleben. Und was wird morgen in der Zeitung stehen? Ohne ein Gespür für das Vernünftige und Naturgemäße bewahrt zu haben, werden wir ständig hin- und hergerissen, von einer ›idealen‹ Ernährung zur anderen, von einem Ratgeber zum anderen. Zu allen Zeiten hat es Ernährungsrichtlinien gegeben, doch war dort nie die Rede von ›Diät‹, sondern von einer wirklich sinnvollen und ausgewogenen Ernährung, die unter Zugabe verschiedener Kräuter gleichzeitig vorbeugend und heilend wirkt (wobei unter ›Diät‹ hier nicht die lebensnotwendigen Ernährungsvorschriften bei bestimmten Krankheiten zu verstehen sind; sie sind sinnvoll und wichtig). Wie die Beziehung von Ratgebern und Ratnehmern zuweilen beschaffen ist, davon erzählt eine alte Fabel:

BIS ZUR BRUST

Ein fettes Schwein kam eines Tages an einen Fluß.

Sehnsüchtig blickte es zum anderen Ufer, weil es dort einen wunderschönen, frisch angelegten Komposthaufen erblickte, mit verlockend herüberleuchtenden Essensresten, Kartoffelschalen und allerlei anderen Leckerbissen.

Das Schwein jedoch konnte nicht schwimmen. »Wie tief der Fluß wohl ist? Ob ich da einfach hinüberwaten kann?« sprach es zu sich selbst.

»Aber selbstverständlich!« sagte ein Maulwurf, der gerade aus seinem Hügelbau herausgekommen war und das Selbstgespräch des Schweins gehört hatte.

»Meinst du wirklich?« sagte das Schwein freudig.

»Nur zu, das Wasser ist ganz flach«, erwiderte der Maulwurf.

Er hatte das letzte Wort noch nicht zu Ende gesprochen, da war das Schwein schon hinunter ans Wasser gelaufen und hineingesprungen. Augenblicklich versank es, weil seine Beine vergeblich nach Grund tasteten. Mit allerletzter Kraft strampelte und paddelte es ans Ufer und stellte den Maulwurf wütend zur Rede.

»Merkwürdig«, sagte der Maulwurf, »den Enten reicht das Wasser immer nur bis zur Brust.«

Vielleicht können die folgenden Hinweise einige Knoten der Verwirrung lösen und nach und nach zu Ihrem ganz persönlichen, untrüglichen Gespür führen für das, was Ihnen guttut und was nicht. Denn das allein zählt – und nicht Richtlinien, Regeln, Prinzipien.

Der Einfluß des Mondstandes auf die Ernährung

Bevor wir zu den spezifischen Einflüssen von Mondphase und Mondstand im Tierkreis kommen, ist es vielleicht nützlich, eine grundlegende Beschreibung zweier wichtiger Mondphasen in bezug auf gesunde Lebensführung und Ernährung zu geben:

Der zunehmende Mond

führt zu, plant, nimmt auf, baut auf, absorbiert, atmet ein, speichert Energie, sammelt Kraft, lädt ein zur Schonung und Erholung.

Der abnehmende Mond

spült aus, schwitzt und atmet aus, trocknet, lädt ein zu Aktivität und Energieverausgabung.

Wenn Sie die unterschiedliche Wirkung dieser beiden Mondphasen wahrnehmen, haben Sie schon einen großen Schritt getan, um die Rhythmen harmonisch in Ihren Alltag zu integrieren. Glauben Sie es also nicht einfach: Beobachten Sie selbst, schauen Sie, forschen Sie – Sie können diese Einflüsse beobachten und selbst erkennen.

Ob uns eine Mahlzeit gut bekommt oder nicht, dafür ist häufig auch der Mondstand ›zuständig‹. Bei zunehmendem Mond und stets gleichen Eßgewohnheiten und -mengen haben wir viel häufiger ein Völlegefühl und nehmen leichter zu als bei abnehmendem Mond. Andersherum kann man bei abnehmendem Mond oft etwas mehr essen als sonst, ohne gleich Gewicht anzusetzen.

Einen wesentlichen Einfluß auf Ernährung und Verdauung hat nicht nur die Mond*phase,* sondern auch der Mond*stand* im Tierkreis – ein von den Ernährungswissenschaftlern noch völlig ignorierter und aus unserem Bewußtsein fast verschwundener Faktor. Empfohlen wird zwar eine ausgewogene Ernährung, doch immer mit dem Hintergedanken, daß alle Nährstoffe – Eiweiß, Kohlenhydrate, Fett, Mineralien und Vitamine – möglichst gleichzeitig auf den Teller gehören. Das muß bzw. sollte nicht sein.

Erinnern Sie sich, beobachten Sie: Nicht nur Kinder haben merkwürdige ›Freßphasen‹. Ein paar Tage lang können sie von dicken Broten nicht genug kriegen. Dann wieder von Obst oder Gemüse. Doch diese ›Lust‹ dauert meist nur ein paar Tage.

Sollten wir also an manchen Tagen nur Salat mögen und ein anderes Mal nur Brote, um etwas übertrieben zu sprechen, dann hat das absolut nichts mit einseitiger Ernährung zu tun. Im Laufe mehrerer Tage bekommt der Körper doch alles, was er braucht.

Jede Einseitigkeit bei der Ernährung ist von Übel, sicherlich. Doch das bedeutet nicht, daß eine Mahlzeit alles enthalten muß, was ›gesund‹ ist. Einseitigkeit und eine ›einfach‹ zubereitete Mahlzeit sind verschiedene Dinge. Früher wußte man das und hielt wie selbstverständlich eine Art ›Trennkost‹ ein. Nur selten kamen Kartoffeln, Gemüse, Beilagen, Fleisch, Käse und Rohkost gleichzeitig auf den Tisch.

An der folgenden Tabelle können Sie den Grund dafür erkennen. Sie beschreibt die Wechselwirkung zwischen Mondstand im Tierkreis und der ›Nahrungsqualität‹ eines Tages.

Der Einfluss des Mondstandes auf die Ernährung

Wärmetage — ***Element: Feuer*** — ***Pflanzenteil: Frucht***

Widder
Löwe
Schütze
} Nahrungsqualität: Eiweiß

Diese Tage besitzen beste **Eiweißqualitäten.** Das hat besondere Auswirkungen auf den physischen Leib und auf die Sinnesorgane.

Kältetage — ***Element: Erde*** — ***Pflanzenteil: Wurzel***

Stier
Jungfrau
Steinbock
} Nahrungsqualität: Salz

Hier herrschen beste **Salzqualitäten** vor, die für die Bluternährung günstig sind.

Lichttage — *Element: Luft* — *Pflanzenteil: Blüte*

Zwillinge
Waage
Wassermann
} Nahrungsqualität: Fett

Sie haben die besten **Fett- und Ölqualitäten** und versorgen das Drüsensystem.

Wassertage — *Element: Wasser* — *Pflanzenteil: Blatt*

Krebs
Skorpion
Fische
} Nahrungsqualität: Kohlenhydrate

Diese Tage besitzen gute **Kohlehydratqualitäten** und beeinflussen das Nervensystem.

Was bedeutet ›Nahrungsqualität‹ – etwa, wenn beim Mond in den Zwillingen ›gute Fett/Ölqualitäten‹ vorherrschen? Diese Frage ist nicht leicht zu beantworten. Ein weites Feld tut sich hier auf für die Forschung und für den Wissenschaftszweig der Chronobiologie. Olivenbauern und Bäcker würden sich vielleicht an einer eigenen Antwort versuchen: An den Lufttagen Zwillinge, Waage und Wassermann läßt sich aus Oliven weit mehr Öl gewinnen als an allen anderen Tagen. An den ›Kohlehydrattagen‹ Krebs, Skorpion und Fische können Bäcker die Beobachtung machen, daß ihre Regale oft früher leer sind als sonst.

Der Lauf des Mondes durch die Tierkreiszeichen kann wie das Kreisen eines Uhrzeigers betrachtet werden, der im zwei- bis dreitägigem Abstand wechselnde Impulse auf unsere Nahrung und auf die Fähigkeit des Körpers, diese Nahrung zu verwerten, anzeigt. Das in einer Olive enthaltene Öl verhält sich an einem ›Öltag‹ auf besondere Weise anders als an den übrigen Tagen und die Fähigkeit unseres Körpers, dieses Öl optimal zu verwerten, verändert sich ebenfalls. Mit anderen Worten: Das harmonische Zusammenspiel zwischen Nahrungspflanze und Körper ist auch abhängig von dem Zeitpunkt der Mahlzeit.

Erwarten Sie jedoch von diesen markanten Einflüssen kein handliches System, keine Rezeptur oder ›Diät‹, nach der Sie sich von jetzt an unfehlbar richten können. Erst Ihre eigene persönliche Beobachtung wird Ihnen die volle Tragweite und den Nutzen dieser Informationen erschließen. Mancher etwa verdaut Brot besonders gut an Wassertagen (Krebs, Skorpion, Fische), ein anderer bekommt schon nach zwei Scheiben einen ›dicken Bauch‹. Doch Geduld: Schon nach wenigen Wochen oder Monaten werden Sie anhand dieser Tabelle und mit einem der beiliegenden Kalender bewaffnet genau feststellen können, was Ihnen an welchen Tagen besonders gut oder schlecht bekommt.

- Wenn z. B. Ihr Drüsensystem etwas gestört ist, dann achten Sie einmal genau darauf, was Ihnen an **Lufttagen** (Zwillinge, Wassermann, Waage) besonders schmeckt. Sie machen vielleicht die Entdeckung, daß Ihnen genau das ›Falsche‹ besonders mundet und eine leichte Korrektur Ihres Speiseplans erfordert. Es ist sicherlich sehr viel leichter, an wenigen Tagen des Monats auf bestimmte Lebensmittel zu verzichten, als lebenslang ein hartes Diätregiment einzuhalten. So können Sie auch mit den übrigen Tagen verfahren.

- Verzehren Sie etwa an **Wassertagen** (Krebs, Skorpion, Fische) besonders gerne viel Brot oder sonstige Mehlspeisen und haben Probleme mit Ihrem Gewicht, dann versuchen Sie es an diesen Tagen mit leicht verdaulichem Brot und gehen Speisen mit hohem Kohlehydratanteil (›Mehlspeisen‹) aus dem Weg.

- Die **Erdtage** (Stier, Jungfrau, Steinbock) beeinflussen die Salzqualität besonders stark. Auf Speck, Schinken, Salzheringe, Schmelzkäse und dergleichen in großen Mengen sollte man an diesen Tagen besser verzichten. Wenn Ihnen der Arzt salzarme Speisen verordnet hat, sind diese Tage besonders heikel. Manche Menschen nehmen gerade an diesen Tagen Salz besonders stark auf und müssen jetzt doppelt aufpassen. Leider haben sie oft gerade an diesen ›schädlichen‹ Tagen besonders viel Lust auf Salz. Nach dem Motto ›einmal ist keinmal‹ kann jetzt die gute Wirkung eines ganzen Monats Salzenthaltsamkeit zunichte gemacht werden. Doch allmählich wird Ihnen die Beobachtung den Weg weisen und Sie besser auf diese Tage vorbereiten.

- An **Wärmetagen** (Widder, Löwe, Schütze) beobachten Sie, ob Ihr Speiseplan auffällig viel oder wenig Eiweiß oder Früchte enthält und wie das auf Sie wirkt. Wärmetage sind gleichzeitig ›Fruchttage‹, weil der Pflanzenteil Frucht besonders begünstigt wird.

Es ist natürlich schwer, Beobachtungen zu machen und Konsequenzen zu ziehen, wenn Ihr Essen schon für Tage vorgeplant ist oder ein Kantinenessen auf Sie wartet. Aber selbst dann ist es möglich, festzustellen, ob es gut geschmeckt hat oder ob die Speise schwer im Magen liegt und ein Völlegefühl als unangenehme Begleiterscheinung zurückbleibt – wertvolle Erkenntnisse für die Zeiten, wo Sie ihren Speiseplan selbst bestimmen können. Jede noch so kleine Kursänderung zum Positiven zählt.

Wichtige Wahrnehmungen sind unterschiedliche Reaktionen auf gleiche Speisen. Bekommt Ihnen Fettes heute, eine Woche später aber nicht, danach wieder schmeckt's ganz besonders? Schauen Sie doch dann auf den Mondkalender, machen Sie sich eine kurze Notiz und ziehen Sie im Lauf der Zeit Ihre eigenen Schlüsse.

Sollte sich der Rhythmus so einspielen, daß Sie an Fruchttagen (Widder, Löwe, Schütze) nur Lust auf eiweißhaltige Speisen oder Obst haben oder sich besonders an Wurzeltagen

(Stier, Jungfrau, Steinbock) mit salzhaltigen Speisen versorgen, dann ist das kein schlechter Rhythmus, vorausgesetzt, es bekommt Ihnen gut. Daß ›gute Bekömmlichkeit‹ und ›guter Geschmack‹ oft zwei verschiedene Dinge sind, muß nicht besonders erwähnt werden. Ganz besonders wichtig kann dieses aufmerksame Beobachten für *Allergiker* werden: Nicht an allen Tagen schadet ein allergieauslösendes Nahrungsmittel gleich stark. Schnell ließe sich anhand des Mondkalenders herausfinden, welchen Einfluß der jeweilige Tag auf das Allergen und seine Wirkung hat.

Generell kann man sagen: Wenn Sie die vier Nahrungsqualitäten im Monatslauf berücksichtigen, indem Sie an diesen Tagen in Ihrer Kost ›einseitig‹ die jeweilige Qualität einbauen und stärker berücksichtigen, dann kann nicht viel schiefgehen. Zumindest werden Sie rasch feststellen, ob Sie zu den Personen gehören, bei denen dieser Rhythmus zutrifft; viele Menschen vertragen allerdings gerade die jeweils vorherrschende Qualität nicht und müssen dann im Gegenteil besonders auf eine Verringerung des jeweiligen Nahrungsmittels achten. Auch hier wäre es von großem Vorteil, den Körpersignalen wieder zum Recht zu verhelfen und bestimmte Speisen gezielter auf den Tisch zu stellen (z. B. bei Bluthochdruck wenig Salz an Wurzeltagen, bei zu hohem Cholesterinspiegel wenig Fett an Blütentagen).

Ein Beispiel: Bei Erkältungen bleibt meist der Appetit aus. Wunderbar! Essen Sie nichts. Zumindest nichts Belastendes oder die gewohnten Mengen. Jedes Tier tut bei Krankheit und Verletzung instinktiv das Richtige: Es hört zu essen auf und ruht. Jeder Verdauungsvorgang erfordert zunächst Energie, bevor uns die Energie der umgewandelten Produkte zur Verfügung steht.

Beobachten Sie, schauen Sie, nehmen Sie wahr – und machen Sie sich Notizen. Erfahrung zählt – nicht allein dieses Buch. Es soll Ihnen nur Hilfestellung leisten.

Allgemeine Ratschläge zur gesunden Ernährung

»Aus Erfahrung kenne ich noch viele weitere Regeln zur gesunden Ernährung, die teilweise nicht unmittelbar mit dem Mondstand zu tun haben. Ich möchte sie Ihnen nicht vorenthalten, weil sie bei diesem Thema nicht fehlen dürfen und meines Wissens noch weithin unbekannt sind.«

- *Das Fasten* – ein kürzerer oder längerer Zeitraum ohne jede feste Nahrung – ist in den letzten Jahren in ›Mode‹ gekommen. Grundsätzlich ist dagegen wenig einzuwenden, besonders wenn es als Kur gedacht ist, um dem Körper Gelegenheit zur Entgiftung und Regeneration zu geben. Als Mittel zur Gewichtsabnahme ist es auf Dauer fast nie erfolgreich. Nachteilige Eßgewohnheiten lassen sich nur selten mit Gewalt ablegen. Welchen Regeln das erfolgreiche Aufgeben ›schlechter‹ Gewohnheiten folgt, davon wird später noch die Rede sein.

Fasten im Sinne einer merklichen Reduzierung der konsumierten Mengen hat aber oft auch schon eine sehr positive Wirkung. Nicht ohne Grund folgt auf den Fasching die *Fastenzeit,* ein mondabhängiger Zeitraum. In dieser Zeit beim Essen maßzuhalten ist eine sehr gute Sache, weil der Körper in dieser Zeit besonders gut entgiftet und sich regeneriert. Er wird es mit gesteigerter Abwehrkraft und größerem Wohlbefinden lohnen.

Weniger bekannt ist die *Adventsfastenzeit* (1. Advent bis 24. Dezember), ebenfalls eine sehr günstige Zeit, um ein wenig enthaltsamer zu leben. Das ist heutzutage selbstverständlich kaum zu verwirklichen, doch vielleicht kann Ihnen diese Information doch von Nutzen sein. Eins ist jedenfalls sicher: Gebäck vor Weihnachten gegessen macht viel dicker als in der Weihnachtszeit selbst genaschte Plätzchen.

Ein *Fastentag an Neumond* beugt einigen Krankheiten vor. An diesem Tag entgiftet sich der Körper besonders wirkungsvoll. Die Nahrungsaufnahme kann diesen Prozeß bremsen oder unterbinden.

Generell ist es auch von Vorteil, an den Tagen *vor Vollmond* und *an Vollmond* weniger zu essen. Viele Menschen essen ohnehin ganz unbewußt bei abnehmendem Mond mehr als bei zunehmenden und werden dadurch nicht dicker.

- Eine sehr wichtige Regel betrifft die *Kombination von Speisen.* Sie sollten stets darauf achten, daß unter- und oberirdisch wachsende Speisen ein gutes, ausgewogenes Verhältnis eingehen. Jedes Ungleichgewicht hat Folgen, die sich auf die ganze Person auswirken, auf Körper *und* Psyche. Die Wirkung ist nicht einfach zu beschreiben. Man kann nicht direkt sagen, daß es einen Menschen träger oder schwerfälliger macht, das wäre eine zu grobe Vereinfachung. Ebensowenig läßt sich der Charakterunterschied von Völkern ohne weiteres auf unterschiedliche Ernährungsgewohnheiten zurückführen. Beiden Behauptungen jedoch ist ein gewisser Wahrheitsgehalt nicht abzusprechen. Machen Sie Ihre eigenen Beobachtungen, dann werden Sie tiefer in diese Materie vordringen und ihre eigenen Schlüsse ziehen. Beobachten Sie beispielsweise Körperbau und allgemeine Beweglichkeit von Sportlern aus Ländern, die sich viel von unterirdisch wachsenden Pflanzenteilen ernähren, und vergleichen Sie mit den Athleten anderer Länder, in denen vorwiegend oberirdisch wachsende Gemüse und Früchte Landesspezialität sind.

Empfehlenswert ist, auf Kartoffeln immer Petersilie, Schnittlauch oder andere Kräuter zu geben. Sie bilden zwar mengenmäßig kein Gegengewicht zu den Kartoffeln, tragen jedoch Kräfte in sich, die die ›unterirdische‹ Betonung aufwiegen können.

Generell trifft zu, daß zweierlei Gemüse auf einmal nicht für jeden verträglich sind. Die einzelnen Speisen sollte man nicht miteinander, sondern nacheinander essen. Gemüse, die auch im Garten keine harmonische Pflanzengemeinschaft eingehen, gehören nicht miteinander auf den Teller, wenn man einen empfindlichen Magen hat. Werfen Sie einfach einen Blick auf die Tabelle günstiger und ungünstiger Pflanzengemeinschaften im III. Kapitel. Sie kann als gute Richtschnur für die gesunde Kombination von Gemüsebeilagen dienen.

Vor zwei häufigen Nahrungsmittelkombinationen sollten Sie gewarnt sein: *Vollkornprodukte und Koffein gleichzeitig* aufgenommen sind für den Körper schädlich. Die Wirkung betrifft Körper und Psyche. Die Kopfschmerz- und Migräneanfälligkeit ist höher, eine gewisse Aggressivität und Ungeduld kann sich langfristig breitmachen.

Auch die so beliebte Kombination von *Käse und Weintrauben* hat oft ähnliche Wirkungen. In beiden Fällen merken viele Menschen überhaupt nichts, doch für manche sind die Folgen schlimm, noch dazu, da das Erkennen der Ursache schwerfällt, weil der Zusammenhang unbekannt ist.

- *Die Reihenfolge der Speisen.* Vielleicht überrascht Sie diese Regel, denn vielfach haben sich bei uns andere Sitten eingebürgert: *Rohes sollte immer vor dem Gekochten gegessen werden.* Obst oder Nüsse vor Salat und Rohgemüsen. Dann beispielsweise Sauermilch, Brot oder Milch. Zuletzt erst die schwerverdaulichen Speisen wie Fett, Fleisch, Eier, Käse und schließlich die Süßspeisen. Ihr Magen wird es Ihnen danken, wenn Sie auf diese Reihenfolge achten.

- *Dinkel und Grünkern:* Dinkel ist eine anspruchslose, winterharte Weizenart, die früher in ganz Europa verbreitet war, bis in die jüngste Zeit nur noch vereinzelt angebaut wurde und heute ganz allmählich wieder an Bedeutung gewinnt. Noch grün geerntet und geräuchert, wird der Dinkel als ›Grünkern‹ bezeichnet. Der Markt bietet Dinkel in Form von verschiedengradig ausgemahlenem Mehl, Schrot und Kornflocken an, sowie als Fertiggericht (Dinkelpuffer, Grünkernfladen etc.). Lassen Sie sich empfehlen, in der Küche, wo es nur möglich ist, statt anderer Mehle *Dinkelmehl* zu verwenden.

Es ist ein Rätsel, warum Dinkel einen solchen Niedergang erlebte, nachdem sich der Mensch tatsächlich jahrtausendelang von diesem wertvollen Getreide ernährt hat. Hildegard von Bingen (1098–1179), die große Naturkundlerin und Mystikerin des Mittelalters, hatte es ›das Getreide für den Menschen‹ genannt.

Ein Plädoyer für Dinkel zu halten, ist jedoch nicht die Absicht. Einige Informationen sollten genügen, um Sie auf dieses natürliche ›Medikament‹ neugierig zu machen. Teilweise stammen sie von einem Bauern aus unserer Bekanntschaft, der sich intensiv mit dem Dinkel befaßt hat:

Dinkel enthält so gut wie alle Nährstoffe, die der Mensch braucht, in einem harmonisch ausgewogenen Mengenverhältnis – und dies nicht nur in der Kornhülle, sondern fein verteilt im ganzen Korn. Das bedeutet, daß er seinen überragenden Nährwert selbst bei hohen Ausmahlungsgraden behält. Kleinkinder, ausschließlich mit Dinkelmehl und Wasser ernährt, zeigten keinerlei Mangelerscheinungen im Gegensatz zur Milchnahrung. Als Diätergänzung für Kranke ist Dinkel in höchstem Maße geeignet.

Dinkel ist – im Gegensatz zu den meisten gezüchteten Getreidearten – genetisch gesund, sein Gesundheitswert und seine innere Kraft ist ungleich viel höher. Das geerntete Korn kann als Saatgut verwendet werden, während das bei den üblichen Getreidearten nicht mehr möglich ist. Dinkel ist gegen Radioaktivität und Umweltgifte resistent, weil das Korn von mehreren Schichten (Spelzen) fest umschlossen ist. Er war nach dem Atomunglück von Tschernobyl die einzige Erntefrucht, die gegen die Strahlung immun blieb.

- *Verzichten Sie abends auf fette Speisen.* Kreislauf, Leber und Galle haben nachts ihre Hoch- und Tiefphasen, wie Sie der Organrhythmustabelle in diesem Kapitel entnehmen können. Fettreiche Abendmahlzeiten belasten diese Organe zusätzlich und hindern sie an optimaler Funktion.

- Eine alte Regel lautet: *Mittwochs und Freitags kein Fleisch.* Sie hat nichts von ihrer Gültigkeit verloren.

- *Kochtöpfe* bestehen heute aus unterschiedlichen Materialien – Stahl, Eisen, Teflon, Kupfer etc. Die Empfehlung ist, *Emaille* zu verwenden, es ist immer noch das beste Material. Machen Sie einmal einen Vergleich: Bereiten Sie in gleicher Menge und gleicher Zusammensetzung ein Gericht einmal in einem Stahl- oder Kupfertopf, daneben in einem Emailletopf zu. Und dann schmecken Sie, riechen Sie, vergleichen Sie.

Natürlich sollen Sie Ihre alten Töpfe nicht gleich fortwerfen. Wenn Sie weiterhin etwa Stahl verwenden wollen oder müssen, achten Sie zumindest ab jetzt darauf, die Töpfe nicht zu stark zu erhitzen. Damit können Sie einige der negativen Wirkungen auf die Speisen verringern.

Die Ernährungswissenschaft sollte sich vielleicht einmal mit der Untersuchung der Zusammensetzung von Speisen befassen, die in Töpfen aus verschiedenen Materialien gekocht wurden. Die Ergebnisse werden mit Sicherheit diese Angaben bestätigen.

- Lebensmittel sollten nicht nach einem willkürlichen Wochenplan gekauft werden, sondern ein wenig auch nach Lust und Bedürfnis des Augenblicks. Ein Essensplan, mit Hilfe des Tierkreiszeichenkalenders erstellt, macht die Arbeit zur Freude.

Ist doch ein Kraut gewachsen? – Eine kleine Kräuterkunde

Heilkräuter sind Kraftwerke in Miniformat. Es gibt kaum ein körperliches Gebrechen, kaum eine Krankheit, die nicht durch die Blätter, Blüten, Früchte oder Wurzeln eines in der Natur vorkommenden Krauts gelindert oder geheilt werden können – immer vorausgesetzt, der Kranke begegnet dem Heilmittel und seiner Krankheit mit der richtigen Einstellung.

Wer in seiner Küche weise mit Kräutern umgeht, tut nicht nur viel, um den Geschmack der Speisen zu verbessern, sondern sorgt auch dafür, daß vielen Krankheiten vorgebeugt wird. Vielleicht ist es an der Zeit, zum Prinzip der alten Chinesen zurückzukehren: Die Menschen sorgten für den Lebensunterhalt ihrer Ärzte – in Geld und Naturalien – nur solange sie gesund waren. Wurde ein ›Schäfchen‹ in der Gemeinde eines Arztes krank, war er von dieser gemeinschaftlichen Pflicht entbunden. Ärzte verdienten damals an der *Gesundheit* der von ihnen betreuten Menschen, nicht an der Krankheit.

Eine große Vielfalt von heilkräftigen Wirkstoffen ist in Kräutern enthalten, oft versammelt in einer einzigen Pflanze:

Schleimstoffe (Pektine, Lichenin) gegen Entzündungen aller Art und zur Wundheilung, z. B. enthalten in Beinwell, Huflattich, Schlüsselblume, Kornblume, Gänseblümchen, Taubnessel, Ringelblume.

Ätherische Öle mit einer Vielfalt von Wirkungen (desinfizierend, durchblutungsfördernd, sekretionsfördernd oder

-hemmend, wassertreibend), enthalten in Thymian, Knoblauch, Enzian, Salbei, Kamille, Lorbeer, Melisse, Fenchel, Basilikum.

Seifenstoffe (Saponine) mit großem Wirkungsspektrum, u. a. enthalten in Leberblümchen, Schlüsselblume, Birke, Ehrenpreis, Stiefmütterchen, Königskerze.

Kieselsäure zur Behandlung von Entzündungen der Haut und Schleimhäute und zur Kräftigung des Bindegewebes, enthalten z. B. in Schachtelhalm, Heidekraut, Brennessel.

Bitterstoffe (Alkaloide, Glykoside) zur Regelung der Magen- und Darmfunktion, zur Spannungs- und Krampflösung, enthalten in Wermut, Enzian, Beifuß, Löwenzahn, Salbei, Ringelblume.

Gerbstoffe gegen Entzündungen der Magen- und Darmschleimhaut, gegen Vergiftungen und Hautausschläge, enthalten u. a. in Brombeere, Frauenmantel, Edelkastanie, Ehrenpreis.

Salizylsäure mit bakterientötender und schmerzlindernder Wirkung, enthalten in Weide, Veilchen, Ringelblume.

Blutstillende Wirkstoffe, enthalten in Hirtentäschchen, Schafgarbe, Mistel, Löwenzahn.

Abführende Wirkstoffe, enthalten in Sennesblättern, Faulbaumrinde, Kreuzdorn, Erdrauch.

Die Liste ist bei weitem nicht vollständig, und auch heute noch werden immer neue Wirkstoffe entdeckt. Gleichzeitig wächst das Staunen über unsere Vorfahren, die mit sicherem Instinkt die bei verschiedenen Krankheiten jeweils wirksame Heilpflanze entdeckt haben.

Nach zahlreichen Wandlungen der Anschauungen in der Medizin setzt sich ganz allmählich wieder die Erkenntnis durch, daß das Ganze stets mehr ist als die Summe seiner Teile: daß beispielsweise die reinen Wirkstoffe eines Heilkrauts, in hoher Dosierung angewandt, langfristig immer noch kraftloser sind als die Pflanze oder der Pflanzenteil als Ganzes.

Viel zu der Neuorientierung beigetragen hat die Atomphysik mit ihrer Erkenntnis, daß die starre Grenzlinie zwischen ›toter Materie‹ und Leben nur eine Illusion des Denkens ist, daß jedes Ding gleichzeitig mit dem ganzen Universum in engster Verbindung steht. »Wir müssen feststellen, daß das, was wir studieren, alle Eigenschaften besitzt, die man üblicherweise Gott zuschreibt«, sagte der Atomphysiker und Nobelpreisträger Werner Heisenberg.

Daß ein Heilkraut nur in seiner Ganzheit wirkt, ist uraltes Volkswissen und kann auch durch die Bemühungen der pharmazeutischen Industrie und der ›zuständigen Stellen‹ in der Schulmedizin nicht in Vergessenheit gedrängt werden. So wie vor hundert Jahren die offizielle Medizin anders dachte als heute, wird sie auch in hundert Jahren auf viele der heutigen Methoden mitleidig zurückschauen.

Inder, Ägypter, Juden, Griechen, Römer und vor allem die Araber waren es, die die Kräuterheilkunde auf einen hohen Stand brachten. Daß das Christentum im Bestreben, ›heidnische‹ Gebräuche auszumerzen, anfangs ein wenig zuviel des Schlechten tat und auf große Teile dieser Kenntnisse verzichtete, wurde später durch die Arbeit der heilkundigen Mönchsorden wieder aufgewogen, die an der offiziellen Lehrmeinung vorbei das alte Wissen pflegten.

Besonders den Benediktinern, aber auch weltlichen Machtträgern wie Karl dem Großen ist die Neubelebung der Kräuterheilkunde im Mittelalter zu verdanken. Albertus Magnus und Paracelsus halfen mit, daß wieder die Klassiker Hippokrates, Galen, Dioskur gelesen und gelehrt wurden. Paracelsus' unermüdlicher Kampf gegen die materialistische Anschauung von Mensch und Krankheit ist wohlüberliefert und erinnert in vielem an den Zwist, der heute noch zwischen Naturheilkunde und Schulmedizin herrscht. Mit dem Unterschied, daß heute eine zusätzliche Kampfmethode auf Seiten der orthodoxen Medizin gepflegt wird: eine Mischung aus

Ironie, Zynismus und Ignorieren der anderen Seite. Sie ist die wirksamste von allen, denn bei einem offenen Kampf mit ›Pauken und Trompeten‹ hat jeder Außenstehende die Möglichkeit, beide Seiten genau kennenzulernen und dann seine eigene Wahl zu treffen. Langfristig wird sich jedoch die Wahrheit durchsetzen. Bis das geschehen ist, muß man sich selbst mehr vertrauen als jeder ›Autorität‹.

Das Licht der Natur lügt nicht,
aber die Theoretiker haben es umgedreht wider die Natur.
Ist der Mensch verkehrt, so verkehrt er auch das Licht der Natur.
Suchet somit zuerst das Reich der Wahrheit,
so werdet ihr mehr tun, als auf Erden je geschehen ist.
Zweifelt niemals an Gott unserem höchsten Arzt.
So wir ihn und den Nächsten lieben, so wird er uns alles zugestehen,
dessen wir bedürfen. Wenn wir aber müßig sind und der Liebe vergessen,
so wird uns auch das genommen, was wir zu haben glauben.

PARACELSUS

Vielleicht werden Sie auf den nächsten Seiten etwas vermissen: eine ausführliche Liste von Heilkräutern und deren Anwendungsspektrum beziehungsweise eine genaue Aufzählung verbreiteter Krankheiten und die jeweils angezeigten Heilkräuter. Darauf wurde aus verschiedenen Gründen verzichtet. Kräuter eignen sich beispielsweise nur selten für Patentrezepte. Die allermeisten Kräuter helfen in ihren Teilen oder als Ganzes bei mehreren verschiedenen Störungen, umgekehrt gibt es bei einer bestimmten Krankheit eine Vielfalt von Kräutern, die als linderndes und heilendes Mittel in Frage kommen.

Es gibt hervorragende Kräuterbücher, denen nur wenig hinzuzufügen wäre.* Was noch fehlt, die Anwendung der

---

* Besonders zu empfehlen sind: Pfarrer Johann Künzle, *Das große Kräuterheilbuch* (Walter-Verlag, Olten, das beste Buch zum Thema!) und Susanne Fischer, *Medizin der Erde* (Hugendubel-Verlag, München)

›Kunst des richtigen Zeitpunkts‹, erfahren Sie in diesem Kapitel.

Wenn Sie in einem Kräuterbuch lesen, werden Sie zuerst feststellen, daß viele unserer Küchenkräuter – von Petersilie und Schnittlauch über Rosmarin, Salbei und Liebstöckl bis zum Waldmeister und Beifuß – Pflanzen mit großer vorbeugender und heilender Wirkung bei vielen Krankheiten sind. Zu Unrecht sind sie auf das Niveau reiner ›Geschmacksverstärker‹ gesunken, vielleicht sogar noch tiefer, weil die Chemie das Handwerk der ›Geschmacksverbesserung‹ intensiver betreibt als die Natur.

Vielleicht noch überraschender ist jedoch die Tatsache, daß viele als ›Unkraut‹ bezeichnete Pflanzen, von der Brennessel bis zum Löwenzahn, ebenso heilkräftige Wirkung haben – Pflanzen, deren Anblick viele Hobbygärtner in den Schuppen treibt, um die chemische Keule zu zücken und sie mit Stumpf und Stiel auszurotten. Was für eine Verkehrung der Welt! Nichts geht beispielsweise über eine Blutreinigungskur im Frühjahr mit zur rechten Zeit gepflückten Brennesseln. Und welche Kräfte jungen Blättern oder den geöffneten Blüten des Löwenzahns innewohnen, weiß jeder, dessen Beschwerden dadurch gelindert oder geheilt wurden.

Kräuter zur rechten Zeit

Eine Vielzahl von Kräutern kann uns dabei helfen, ein harmonisches und gesundes Leben im Alltag zu führen. Die Kenntnis des richtigen Zeitpunkts von Ernte und Lagern ist von großem Wert, wenn es um die größtmögliche Heilkraft und Haltbarkeit der Pflanzen geht.

Bei allen Heilkräutern ist es wichtig, sich mit den enthaltenen Wirkstoffen näher zu befassen. Die Ganzheit der Pflanze, beziehungsweise eines Pflanzenteils sollte erhalten bleiben, denn wie auch bei der gesunden Ernährung sind die Ballaststoffe eines Heilkrauts von hohem Wert.

Beachtung finden sollte jedoch, welche Aufgabe die

Pflanze erfüllen soll, ob sie etwa entzündungshemmend oder abführend oder auf bestimmte Organe kräftigend wirken soll. Jede Pflanze besitzt andere Eigenschaften, andere Inhaltsstoffe. Und obendrein hilft nicht jede Pflanze jedem gleich gut. Der eine verträgt ein Heilkraut bei gleichem Beschwerdebild überhaupt nicht, dem anderen kann es auch nach langem Leiden schnelle Heilung bringen. Jeder Mensch reagiert individuell, darauf muß Rücksicht genommen werden. Wer andererseits etwa mit einem Kräutertee gute Erfahrungen gemacht hat, braucht sich nicht mehr viele Gedanken um die Inhaltsstoffe zu machen. Ist die Frage nach dem Kraut beantwortet, werden die Regeln für das Sammeln interessant.

Regeln für das Sammeln von Kräutern

Oberstes Prinzip beim Sammeln von Kräutern in der Natur und beim Ernten im Garten sollte sein: Nur soviel sammeln, wie gerade unbedingt gebraucht oder voraussichtlich als Wintervorrat benötigt wird! Das sollte die Achtung vor der Natur und die Rücksicht auf den Nächsten gebieten. Besonders die seltenen, unter Naturschutz stehenden Kräuter müssen tabu bleiben.

Beschränken Sie sich auf Kräuter, die Sie gut kennen und sicher identifizieren können. Besonders beim Ausgraben von Wurzeln ist größte Achtsamkeit nötig, weil die Pflanze sonst ausgerottet wird, zumindest am Fundort. Immer sollten noch einige Pflanzen stehenbleiben und nur jener Pflanzenteil gepflückt werden, der zur Behandlung nötig ist.

Der richtige Zeitpunkt

Die Heilkraft der Kräuter ist nicht gleichmäßig über die ganze Pflanze verteilt. Manche Sammelzeiten sind sehr ungünstig, weil sich der Wirkstoff gerade im blühenden Kraut befindet, Sie aber für die Anwendung die Wurzel brauchen. Es kann auch passieren, daß Sie gerade Blüten oder

Blätter ernten, während der Heilsaft in der Wurzel neue Kräfte sammelt.

Oft findet man auf Medikamentbeilagen von Naturprodukten den Hinweis, daß unterschiedliche Färbung und Trübung normale Erscheinungen seien. Man erkennt daran, daß die Ernten nicht immer gleich ausfallen, besonders wenn es sich um Zuchtkräuter aus Plantagen handelt, wo nur selten auf den rechten Zeitpunkt geachtet werden kann.

Bei der Wahl des richtigen Sammelzeitpunkts sollte an erster Stelle immer *Ihr persönliches Gefühl* und die *Beobachtung des Wetters* stehen. Zum Pflücken von Blüten sind Blütentage zwar generell gut geeignet, wenn jedoch gerade die Sonne nicht scheint und kalte Witterung herrscht, dann hilft der gute Zeitpunkt auch nicht viel. Immer sollte man wach sein für das, was ›heute‹ angebracht und machbar ist und was nicht. Die Ratschläge zum rechten Erntezeitpunkt von Kräutern sind sehr wertvoll, doch wenn keine guten, trockenen Wetterbedingungen herrschen, ist das Kräutersammeln sinnlos.

Die beste Jahreszeit:
Als grobe Richtlinie für die beste Jahreszeit des Sammelns gilt: Im Frühling, wenn die Pflanze noch jung ist, besitzt sie die größte Heilkraft. Die Inhaltsstoffe lösen sich bei der jungen Pflanze leicht, bei älteren Pflanzen oft gar nicht mehr (etwa Kieselsäure). Sie bleibt unwirksam (siehe hierzu auch S. 72).

Die beste Tageszeit:
Wurzeln morgens und abends.

Blätter am Vormittag, wenn der Tau getrocknet ist.

Blüten bei Sonnenschein. Sie müssen sich voll entfaltet haben und nicht kurz vor dem Verblühen stehen, sonst ist ihre Heilkraft viel geringer.

Samen und Früchte können ganztags gesammelt werden, weil sie nicht so empfindlich sind wie andere Pflanzenteile, jedoch sollte man die größte Mittagshitze meiden.

Der Mondstand im Tierkreis:
Der Mondstand im Tierkreis spielt beim Sammeln und Anwenden von Heilkräutern eine große Rolle. Als Regel gilt hier:

> **Ein Heilkraut, gesammelt zur Heilung oder Kräftigung jener Körperregion, die von dem Tierkreiszeichen des Erntetags regiert wird, hilft besonders gut.**

An *Jungfrautagen* gesammelte Kräuter helfen beispielsweise besonders gegen Verdauungsbeschwerden. Aus an Fischetagen gesammelten Heilkräutern ließe sich eine hervorragende Fußsalbe herstellen. Die folgende Tabelle wird Ihnen das Durchschauen der Zusammenhänge erleichtern:

Im Zeichen	*Kräuter sammeln gegen*
Widder	Kopfschmerzen, Augenleiden
Stier	Halsschmerzen, Ohrenleiden
Zwillinge	Verspannungen des Schultergürtels, zur Inhalation bei Lungenleiden
Krebs	Bronchitis, Magen-, Leber- und Gallebeschwerden
Löwe	Herz- und Kreislaufbeschwerden
Jungfrau	Störungen der Verdauungsorgane und der Bauchspeicheldrüse, Nervenleiden
Waage	Hüftbeschwerden, Nieren- und Blasenkrankheiten
Skorpion	Krankheiten der Geschlechts- und ableitenden Organe. Gute Sammeltage für alle Kräuter!
Schütze	Venenleiden
Steinbock	Knochen- und Gelenksbeschwerden, Hautkrankheiten
Wassermann	Venenleiden
Fische	Fußbeschwerden

Bedenken Sie jedoch stets, daß beim Sammeln *trockenes Wetter* herrschen muß. Deshalb ist diese Regel auch nur eingeschränkt von Nutzen, weil das Wetter bei solch genauem Berücksichtigen des Zeitpunkts nicht immer mitspielt und man oft wochenlang auf die richtigen Bedingungen warten müßte. Andererseits gibt es viele langwierige, chronische Krankheiten, die häufig mit Kräutern, die beim richtigen Tierkreiszeichen gesammelt werden, erfolgreich behandelt werden können. Dann lohnt sich auch ein längeres Warten.

Die einzelnen Pflanzenteile:
Auf den rechten Zeitpunkt beim Sammeln unterschiedlicher Pflanzenteile zu achten ist einfacher als die genaue Einhaltung des richtigen Tierkreiszeichens und erzielt auch gute Resultate:

- *Wurzeln:* Der richtige Zeitpunkt zum Ausgraben von Wurzeln ist das zeitige Frühjahr, wenn das volle Wachstum der Pflanze noch nicht eingetreten ist oder der Herbst, wenn sie schon wieder eingezogen hat; der Saft ist dann wieder abgestiegen.

Wurzeln sollten immer bei *Vollmond oder abnehmendem Mond* ausgegraben werden, sie haben dann mehr Kraft. Sie dürfen nicht dem Sonnenlicht ausgesetzt werden, deshalb sind die Nachtstunden – vor Sonnenaufgang oder am späten Abend – am besten geeignet.

Auch die Zeit des *absteigenden Mondes* (siehe Kap. I) und die *Wurzeltage* Stier, Steinbock, Jungfrau sind als Sammelzeit geeignet, Stier jedoch nicht ganz so gut wie die beiden anderen.

- *Blätter:* Sie können fast das ganze Jahr über gesammelt werden, vorausgesetzt, es handelt sich um junge Pflanzen. Stehen sie schon lange im Saft, blühen sie schon oder wurden sie zwischendurch nicht abgemäht, sind sie für Heilzwecke eher ungeeignet.

Es ist nicht nötig, daß beim Pflücken die Sonne scheint, doch der Morgentau sollte schon verdunstet sein, also am besten am Vormittag.

Blätter sollten bei *zunehmendem Mond,* zwischen Neumond und Vollmond gesammelt werden, als Alternative bei *aufsteigendem Mond* (Schütze bis Zwillinge) oder an *Blattagen* (Krebs, Skorpion, Fische). An *Skorpion* gesammelte Kräuter besitzen stets eine besondere Heilkraft. Sie eignen sich zudem hervorragend zum Trocknen, Haltbarmachen und Lagern. Bei Krebs und Fische gesammelte Blätter sollten besser sofort verwendet werden.

Die besondere *Ausnahme* ist die Brennessel. Sie ist ein hervorragendes Blutreinigungsmittel. Sie sollte ausschließlich bei *abnehmendem* Mond gesammelt, ein Brennesseltee auch nur bei *abnehmendem Mond* getrunken werden. Genaueres darüber am Schluß des Kapitels.

- *Blüten:* Meist sind Frühjahr und Sommer der günstigste Sammelzeitpunkt, wenn die Pflanze in voller Blüte steht, besonders dabei die Mittagszeit. Die Sonne sollte scheinen, zumindest sollte es sehr warm sein, damit die Blüte geöffnet ist und die Heilstoffe in die Blüten gewandert sind. Verblühte Pflanzen eignen sich nicht sonderlich gut.

Das Sammeln von Blüten sollte bei *zunehmendem Mond* oder *Vollmond* erfolgen, alternativ bei *aufsteigendem Mond* (Schütze bis Zwillinge), wenn das Wetter ein Ernten bei zunehmendem Mond verhinderte. Auch *Blütentage* sind geeignet (Zwillinge, Waage, Wassermann) oder einfach bei Vollmond sammeln, unabhängig vom Tierkreiszeichen.

Wird für den Wintervorrat gesammelt, eignet sich auch der *abnehmende* und *aufsteigende Mond,* weil die Blüten dann sicherer trocknen.

- Früchte und Samen: Sie sollten beim Sammeln reif sein, also weder grün noch matschig weich. Fast immer ist das erst im Sommer oder im Herbst der Fall. Trockenes Wetter ist wichtiger als die Tageszeit, nur sollte man der größten Mittagshitze aus dem Weg gehen.

Bei zunehmendem Mond geerntete Früchte und Samen sind nur für die sofortige Anwendung geeignet. Zum Lagern und Haltbarmachen ist hier der *aufsteigende Mond* besser (Schütze bis Zwillinge). Gute Erntetage sind die *Fruchttage* (Widder, Löwe, Schütze). Am ungünstigsten zum Sammeln von Früchten sind Steinbock, Fische, Krebs und Jungfrau.

Die ›geheimnisvolle‹ Kraft des Vollmonds

Viele Leser werden sich jetzt vielleicht an Schauermärchen von Kräuterhexen erinnert fühlen, die bei Vollmond seltsame Manipulationen vornehmen und von ihren nächtlichen Sammelausflügen auf einem Besen reitend wieder zu ihrer schwarzen Katze heimfliegen.

Wahr ist, daß der Vollmondtag für fast alle Kräuter und ihre Teile ein hervorragender Sammelzeitpunkt ist. Gerade Wurzeln sind, bei Vollmond oder abnehmendem Mond gesammelt, heilkräftiger als zu anderen Zeiten. Wurzeln – besonders jene, die zur *Heilung ernsthafter Krankheiten* dienen sollen – dürfen zudem keinesfalls dem Sonnenlicht ausgesetzt werden. Zur Vollmondzeit herrschen nachts im Wald und an den Sammelstellen halbwegs ausreichende Lichtverhältnisse, um ein Kraut zu identifizieren, während man bei Neumond nicht die Hand vor Augen sieht. Früher gab es keine Taschenlampen und es wäre niemand auf die Idee gekommen, mit einer Fackel in den Wald zu gehen, erst recht nicht heilkundige Menschen.

Daß in Hexengeschichten auch immer wieder Katzen eine Rolle spielen, liegt daran, daß man früher Katzen beobachtete und aus ihrem Verhalten wertvolle Schlüsse zog. Katzen ziehen zum Schlafen und Ruhen ›schlechte Plätze‹ vor – Orte im Haus mit negativer Energie (etwa auf Wasseradern oder Erdstrahlen). Wo eine Katze sich wohl fühlt, hat man früher niemals einen Arbeitsplatz eingerichtet, geschweige denn ein Bett aufgestellt. Über dieses so bedeutsame Thema später mehr.

Sie sehen, daß so manche Mär aus alter Zeit in ganz konkreten und einsichtigen Sachverhalten wurzelt.

Aufbewahrung von Heilkräutern

Beim Haltbarmachen, Trocknen, Lagern und Aufbewahren sollte besondere Sorgfalt an erster Stelle stehen. Es wäre ein großer Schaden, wenn durch einen Fehler größere Mengen dieser wertvollen Geschenke der Natur verlorengehen würden.

Zum Trocknen gehören die Pflanzen an einen schattigen Ort und sollten öfters gewendet werden. Natürliches, luftdurchlässiges Material ist als Unterlage geeignet (ideal wäre ein Holzrost, aber auch Papier erfüllt die Aufgabe). Niemals jedoch sollte man Kräuter auf irgendwelchen Folien trocknen! Länger als ein Jahr sollte nichts aufbewahrt werden, was aber kein Problem ist, weil man ja die Pflanzen alljährlich frisch bekommen kann. Vergessen Sie nicht, daß man nie zuviel sammeln sollte. Maß, Verstand und Gefühl sollten den Ausschlag für die Menge geben.

Der richtige Zeitpunkt des *Lagerns und Abfüllens* in Gläser oder Kartons ist immer der *abnehmende Mond,* unabhängig vom Erntetermin. Nie bei zunehmendem Mond Gefäße füllen, weil sonst die Gefahr von Fäulnis besteht.

Dunkle Gläser und Papiertüten sind als Lagergefäße am besten geeignet. Die Pflanzen bleiben schön trocken, das Aroma hält sich lange, die Inhaltsstoffe bleiben erhalten. Helligkeit würde sich ungünstig auswirken.

Pflanzen besitzen unterschiedliche Trockenzeiten. Sie sollten darauf achten, daß bei zunehmendem Mond geerntete Kräuter beim Trockenvorgang unbedingt etwas abnehmenden Mond erhalten.

Nicht bei allen Kräutern ist es erforderlich, einzelne Pflanzenteile zu trocknen. Bei vielen Heil- und Küchenkräutern (etwa Majoran, Thymian, Liebstöckl und Petersilie) genügt es, wenn die ganze Pflanze wie ein Blumenstrauß kopfunter zusammengebunden an einen luftigen Ort gehängt wird, bis sie getrocknet ist. Anschließend kann sie auf übliche Weise abgefüllt werden. Die Methode ist platzsparend, bietet einen schönen Anblick und das Aroma der trocknenden Pflanzen sorgt für ein angenehmes Raumklima. Schnelltrocknende Kräuter sind dazu am besten geeignet, weil das Zusammenbinden keine Fäulnisgefahr heraufbeschwört.

Sie werden nach alledem vielleicht einwenden, daß nicht jeder zum Kräutersammeln in die freie Natur spazieren kann oder einen Kräutergarten sein eigen nennt. Auch die Pflanzen aus der Apotheke oder aus dem Kräuterladen besitzen ihren Wert und helfen oft recht gut, das sollte betont werden. Nur bei chronischen, nichtheilenden Krankheiten ist der richtige Sammelzeitpunkt von ganz besonderer Bedeutung und sollte unbedingt Beachtung finden.

Zubereitung und Anwendung

Oft haben Heilkräuter, roh oder gekocht gegessen, als Gemüse (Salbei, Holunderblüten), Salat (Brunnenkresse, junger Löwenzahn) oder Spinat (Brennesseln, Bärlauch), die beste Wirkung. Darüber hinaus gibt es aber noch viele weitere, ebenso wirksame Zubereitungs- und Anwendungsarten, von denen hier einige besprochen sind:

- *Tee und Aufguß:* Eine der häufigsten Anwendungsarten. Sie ist vor allem für junge Kräuter geeignet, die ätherische Öle enthalten. Bei längerem Kochen würden sie sich verflüchtigen.

Als Maßeinheit nimmt man mit drei Fingern von den getrockneten oder frischen Kräutern, übergießt sie in einer Tasse mit kochendem Wasser, läßt sie drei bis zehn Minuten lang zugedeckt ziehen und seiht dann ab. Als Faustregel gilt, daß der Tee fertig ist, wenn die Kräuter zu Boden gesunken sind. Manche sehr ölhaltige Kräuter (u.a. Thymian) sinken jedoch auch nach Stunden noch nicht, zehn bis fünfzehn Minuten sind dann ausreichend. Der Tee sollte alsbald getrunken werden, damit er nicht unnötig Heilstoffe verliert.

- *Abkochung (Absud):* Geeignet für Pflanzen mit schwer löslichen Heilstoffen (Bitterstoffe, Gerbsäure), besonders für Hölzer, Wurzeln oder Stengel. Die Kochzeit ist Gefühlssache, aber in der Regel nicht länger als eine Viertelstunde. Manche Hölzer und Wurzeln müssen bis zu einer halben Stunde gekocht werden.

Verzichten Sie, wenn möglich, auf Kochgeschirr aus Stahl, Eisen, Kupfer oder Messing.

»Die Meinungen geben auseinander, ob die Pflanzen erst dem kochenden Wasser beigegeben oder in kaltem Wasser langsam aufgekocht werden sollen. Ich habe zu Hause die letztere Methode gelernt und konnte bis heute keinen Vorteil bei der anderen Methode entdecken.«

- *Kaltauszug:* Manche Kräuter vertragen weder Überbrühen noch Kochen. Solche Kräuter gibt man in kaltes Wasser und läßt sie über Nacht stehen. Zusätzlich kann man noch am nächsten Tag die abgeseihten Kräuter mit frischem Wasser kurz aufkochen (nicht die gewonnene Flüssigkeit des Kaltauszugs!). So gewinnt man auch noch die restlichen Heilstoffe.

- *Extrakte* sind dickflüssige Kräuterauszüge. Diese beispielsweise mit kaltgepreßtem Olivenöl übergossen, ergeben milde Einreibeflüssigkeiten.

- *Rohsäfte:* Manche Kräuter eignen sich gut zum Auspressen. Die gewonnenen Rohsäfte sind jedoch nicht haltbar und sollten gleich verwendet werden (je nach Kraut als Getränk oder etwa als Umschlag).

- *Tinkturen:* Sind dünnflüssige Auszüge, meist mit verdünntem Weingeist gewonnen. Eine Handvoll Kräuter wird in Flaschen gegeben und beispielsweise mit Obstler aufgefüllt, bis die Kräuter bedeckt sind. Nach etwa zwei Wochen, an einem warmen Ort gelagert, ist die Tinktur gebrauchsfertig.

- *Salben und Pflastermischungen:* Pflanzen oder Pflanzenauszüge können auch mit weichen Fettstoffen zu Salben und Pflastermischungen verrieben oder verkocht werden. Wer die Möglichkeit hat, sein Fleisch bei einem Bauern zu bekommen, der noch auf natürliche Weise züchtet, der sollte das ausnutzen und ihn um Schweinefett von einem an Vollmond geschlachteten Schwein bitten. Vielleicht weiß der Bauer sogar, daß dann das Fleisch viel saftiger und haltbarer ist. Das Fett sollte bei niedrigen Temperaturen ausgelassen werden; den *Jungfrautagen* sollte man aus dem Weg gehen, weil es dann leicht schimmelt und nicht so haltbar ist.

Zu Hause gibt man dem erhitzten Schweinefett die frischen Kräuter bei (*Ringelblumen* sind besonders gut geeignet) und läßt das Ganze kurze Zeit braten (Faustregel: etwa so lange wie ein Schnitzel). Zwei Handvoll Kräuter auf ein Marmeladenglas Fett sollten genügen. Das heiße Fett mitsamt den Kräutern anschließend etwa 24 Stunden lang kühl stellen. Am nächsten Tag sanft erwärmen, bis die Mischung flüssig wird, in saubere Gläser abseihen und dunkel aufbewahren. Diese Salbe ist ein hervorragendes Mittel für verschiedene Leiden, etwa als Brusteinreibung bei Husten und Bronchitis.

Wichtig ist, daß diese Arbeit mit Geduld und Liebe gemacht wird, niemals unter Zeitdruck. Nur so entwickelt sich das gute Gefühl bei der Fertigstellung und für die Mengenverhältnisse von Kräutern und Fett. Arbeiten Sie stets mit emaillierten Töpfen und Holzlöffeln zum Umrühren.

Der rechte Zeitpunkt für die Salbenherstellung sind alle Tage zwischen Schütze und Zwillinge – also der *aufsteigende Mond.* Sind Sie aus Zeitgründen zu einem anderen Termin gezwungen, sollten Sie zumindest Krebs und Jungfrau meiden.

»Manchmal sage ich in meinen Vorträgen aus Spaß, daß Sie an Jungfrautagen ohnehin keine Zeit haben, weil es die besten Tage sind für viele Gartenarbeiten, etwa fürs Umtopfen und Setzen von Blumen und Bäumen.«

Ebenfalls eine gute Zeit zur Salbenherstellung ist der Vollmond. Die Pflanzen haben einen Höchstanteil an Heilstoffen und nach dem 24stündigen Stehen fällt das Einfüllen in Gläser in den abnehmenden Mond, was lange Haltbarkeit verspricht.

- *Kräuterkissen:* Eine hervorragende Sache sind Kräuterkissen. Bitte verwenden Sie dazu keine geschützten Pflanzen. Die Kräuter sollten bei zunehmendem Mond gepflückt und bei abnehmendem Mond in Kissen aus dichtem, natürlichen Material (z. B. Leinen) gefüllt und fest zugenäht werden. An Blütentagen gesammelt, wird Sie der Duft lange Zeit erfreuen.

Die Wahl der Kräuter hängt davon ab, was das Kissen bewirken soll. Meistens soll es beruhigen und ein angenehmes Aroma abgeben. Ihr Apotheker kann Ihnen Rat geben und die Kräuter zusammenstellen. Auch gekaufte Kräuter sollten jedoch bei abnehmendem Mond verarbeitet werden.

Ein weiterer Anwendungsbereich sind Rheuma und Allergien. Kräuterkissen können hier große Linderung bringen.

»Früher, als es noch genügend Farnkraut gab, legte man ein ganzes Bett damit aus. Der Farn wurde zwischen zwei Bettlaken eingenäht und besonders Rheumakranken als

Bettunterlage gegeben. Ebenso füllte man Kissen mit Bärlapp, wenn der Patient unter nächtlichen Krämpfen litt. Farn ist heute aus guten Gründen geschützt, man kann ihn jedoch kaufen. Verständlicherweise wird dabei nicht auf den Vollmond als bester Sammeltag geachtet, Heilstoffe sind aber dennoch enthalten.«

Die Kissen dürfen nie bei feuchtem Wetter gelüftet werden. Lüften und lockern sie die aromatischen Kräuterkissen bei trockener Witterung.

Drei Anwendungsbeispiele

- *Ein Rezept für die Blutreinigung:* Sehr viele Krankheiten nehmen ihren Ausgang bei ›schlechtem Blut‹, oft erkennbar an ungesund aussehender, unreiner Haut und im Labor an erhöhten Cholesterin- und Harnwerten etc. Eine Blutreinigungskur mit Brennesseln bis zum Abklingen der Störung kann hier sehr viel Gutes tun. Auch jedem gesunden Menschen wird eine Frühjahrskur die Frühjahrsmüdigkeit aus den Gliedern treiben. Die Kur regt Blase und Nieren an, fördert die Tätigkeit aller Verdauungsorgane, und gibt dem Körper eine Vielzahl von Mineralstoffen und Vitaminen.

Trinken Sie bei abnehmendem Mond (wenn möglich nachmittags zwischen 15 und 19 Uhr) soviel Brennesseltee wie möglich (ca. 2 Liter; rechnen Sie für diese Teemenge zwei gehäufte EL Kräuter). Dann warten Sie vierzehn Tage, und wiederholen Sie beim nächsten abnehmenden Mond die Kur, bis sich das Leiden gebessert hat oder verschwunden ist. Als Kur für gesunde Menschen sind zweimal 14 Tage bei abnehmendem Mond ausreichend.

Die Brennesseln sammeln Sie am besten ebenfalls bei abnehmenden Mond. Verwenden Sie nur junge Blätter; natürlich sind im Frühjahr frische Brennesseln den getrockneten vorzuziehen.

Sollte der Mond gerade in einem Erdzeichen stehen

(Jungfrau, Stier, Steinbock), sammeln Sie etwas mehr als für die tägliche Anwendung nötig und trocknen Sie die Blätter für den Winter. Eine richtige Blutreinigungskur brauchen Sie jedoch im Winter nicht durchführen, ein Brennesseltee ab und zu nach einem schwerem Essen ist dagegen eine gute Sache, etwa in der kalorienreichen Weihnachtszeit. Erdtage eignen sich generell besonders gut, um etwas für Ihr Blut zu tun.

- *Die Behandlung von Warzen:* Warzen, Muttermale und Blutschwämme sollten ausschließlich bei *abnehmenden Mond* entfernt oder behandelt werden, unabhängig vom Mittel, das dabei zur Anwendung kommt. Sollte die Prozedur bei Neumond noch nicht erfolgreich abgeschlossen sein, unbedingt aufhören und erst ab dem nächsten Vollmond weitermachen (was dann oft nicht mehr nötig ist). Behandlungen oder operative Eingriffe bei zunehmendem Mond (besonders an Krebstagen) können sich sehr ungünstig auswirken.

Schöllkraut ist ein bewährtes Warzenmittel. Beginnen Sie mit der Behandlung am Vollmondtag und streichen sie die Warze jeden Tag mit frischem Schöllkrautsaft ein. Er ist orangefarben und tritt aus dem abgebrochenen Stiel aus. Seien Sie vorsichtig damit, er ist giftig und darf nicht eingenommen werden. Führen Sie die Behandlung bis Neumond fort, auch wenn die Warze vorher schon verschwunden ist.

Mit *Knoblauch* und bei abnehmendem Mond lassen sich die besonders schmerzhaften Warzen an den Fußsohlen gut entfernen. Schneiden Sie dazu in ein Pflaster ein Loch, so groß wie die Warze selbst und kleben Sie es auf die Warze, so daß diese freibleibt. Halbieren Sie eine frische Knoblauchzehe und fixieren Sie sie nachts mit einem weiteren Pflaster auf der Warze. Morgens, wenn möglich erst nach dem Duschen, entfernen, abends mit einer frischen Knoblauchzehe wiederholen und bei Neumond aufhören. Nach und nach färbt sich die Warze tiefschwarz und kann schließlich ganz einfach herausgehoben werden.

- *Abstillen:* Abstillen kann sehr einfach und ohne Medikamente – außer gleich nach der Geburt – erfolgen. Man legt einfach das Baby in den Tagen und Wochen vor Vollmond immer weniger an und trinkt selbst nicht mehr so viel. Bei Vollmond legt man das Kind ein letztes Mal an und trinkt an diesem Tag wenig. Ein Salbeitee wird den Stillstand der Milchproduktion zusätzlich fördern.

Einige wichtige Gesundheitsregeln

Die größte Weisheit verrät sich in der einfachen
und natürlichen Einrichtung der Dinge,
und man erkennt sie nicht,
eben weil alles so einfach und natürlich ist.

JOHANN PETER HEBEL

In diesem Kapitel sollen Sie einige weitere Gesundheitsregeln erfahren, die nicht alle mit dem Rhythmus des Mondes zusammenhängen. Sie beruhen jedoch ebenso wie alle anderen Regeln auf gelebter Erfahrung und langjähriger Beobachtung. Wenn Sie nach Beweisen suchen, müssen Sie geduldig und gelassen ausprobieren. Das ist der einzige Beweis, der angeboten werden kann und der Gültigkeit besitzt. Ärzte und Statistiker allerdings könnten ohne viel Mühe die Richtigkeit der Regeln überprüfen, wenn sie anhand von Patientenkarteien unterschiedliche Heilungsverläufe mit den Mondrhythmen vergleichen. Die Reaktion »davon habe ich noch nie gehört, also kann es nicht wahr sein« dürfte nicht sehr hilfreich sein. Verständlich ist sie jedoch, denn noch vor ein paar hundert Jahren wurde man geteert und gefedert für die Behauptung, daß Seide von Raupen stammt. Jeder ›wußte‹, daß Seide von Engeln gemacht wird.

Hier noch einmal die Grundeigenschaften der beiden Mondphasen:

Der zunehmende Mond

führt zu, plant, nimmt auf, baut auf, absorbiert, atmet ein, speichert Energie, sammelt Kraft, lädt ein zur Schonung und Erholung.

Der abnehmende Mond

spült aus, schwitzt und atmet aus, trocknet, lädt ein zu Aktivität und Energieverausgabung.

Es ist sicherlich schwer, in der heutigen Zeit den Alltag einem solchen Rhythmus anzupassen. In mehrfacher Hinsicht. Fast alle Abläufe, Rituale und Gewohnheiten in Privat- und Berufsleben nehmen keine Rücksicht mehr auf naturgegebene Impulse. So entsteht ›Streß‹ in seinen vielfältigen Formen, der einen so häufig zwingt, natürliche Signale, natürliches Gespür und gesunden Menschenverstand zu verlernen und zu ignorieren.

Viel wäre schon gewonnen, wenn man erkennt, daß gesundheitsschädlicher Streß in den allermeisten Fällen selbstgemacht ist – daß er die Folge ist von zuviel oder zuwenig Wollen zum falschen Zeitpunkt. Oft entsteht er, wenn man innerlich oder äußerlich einer *selbstauferlegten* Aufgabe nicht gewachsen ist oder innerlich Widerstand leistet.

Unser Körper reagiert, wenn wir ihn zwingen, seine natürliche Rhythmen – Mondrhythmus, Biorhythmus etc. – *dauernd* zu ignorieren. Zuerst nicht, wenn wir jung sind und die negativen Auswirkungen wie Wassertropfen oder mit einem Aspirin abschütteln. Doch nach und nach summieren sich die vielen kleinen Impulse, bis sie in eine Krankheit münden, deren Ursache nur sehr schwer zurückzuverfolgen ist – als Spitze des Eisbergs. »Was lange währt, wird endlich Krankheit.«

Deshalb soll auch immer wieder darauf hingewiesen sein, daß dieses Buch kein Allheilmittel ist, keine schnellwirksamen Rezepte enthält. Langsam sind die Wirkungen der Verletzung von Rhythmen, langsam wird das Leben in Harmonie mit den Rhythmen seine positiven Wirkungen zeigen. Wenn man sich in Ruhe zurücklehnt und zehn Minuten täglich darüber nachdenkt, welche Tätigkeiten sich im Alltag mit den Mondrhythmen in Übereinstimmung bringen lassen, wird man ganz gewiß Lösungen finden. Nicht im Sinne einer Leistung, die zu erbringen ist, sondern als Ergebnis einer Beobachtung, die das ›richtige‹ Handeln ganz von selbst erschließt. Nach und nach, organisch, keinesfalls von heute auf morgen.

Zumindest eines können Sie tun: Alle anstrengenden Alltagsarbeiten und Hobbys (die ja heute auch oft in harte Arbeit ausarten), die einer *freien Terminwahl* unterworfen sind, etwas mehr auf die Phase des abnehmenden Mondes verlegen. Nicht sofort. Langsam, nach und nach. Unter Beobachtung der Wirkungen dieses Tuns.

Nichts wirkt überzeugender als die eigene persönliche Wahrnehmung. Fast alle Hausarbeiten beispielsweise – die ja mit Reinigen, Ausschwemmen, Entziehen zu tun haben – sind viel besser in den beiden Wochen des abnehmenden Mondes aufgehoben (siehe Kap. V). Wenn Sie spüren, wie natürlich und angenehm es ist, bei abnehmendem Mond den eigenen Kräften mehr die Zügel schießen zu lassen und bei zunehmenden Mond mehr zu bremsen, zu atmen, Kraft zu sammeln, vorzubereiten und zu planen, dann werden Sie sich fragen, wie Sie so lange auf die Anwendung dieses Wissens verzichten konnten, warum Sie es nicht schon früher gemerkt haben.

Thema Operationen

Über das heikle Thema Operationen – chirurgische Eingriffe in den Körper – soll hier noch etwas ausführlicher gesprochen werden. Es ist zu wichtig, als daß es übergangen werden darf.

Für chirurgische Eingriffe jeder Art – außer für Notoperationen – gilt: Je näher am Vollmond, desto ungünstiger. Der Vollmondtag hat die negativsten Auswirkungen. Wenn man die Wahl hat, sollte man bei abnehmenden Mond operieren.

Alles, was die Körperregion, die von dem Zeichen regiert wird, das der Mond gerade durchschreitet, besonders belastet oder strapaziert, wirkt schädlicher als an anderen Tagen. Chirurgische Eingriffe an diesen Tagen sollte man daher, wenn irgend möglich, vermeiden.

Jeder Chirurg wird diese Entdeckung machen oder hat sogar schon entsprechende Erfahrungen gesammelt:

Komplikationen und Infektionen sind an solchen Tagen weit häufiger. Die Heilungs- und Genesungsphase dauert länger. Gegen Vollmond zu kommt es häufiger zu stärkeren, schwer stillbaren Blutungen.

Hippokrates (460–370 v. Chr.) hat in seinen Tagebüchern wörtlich formuliert: »Berühre nicht mit Eisen jenen Teil des Körpers, der von dem Zeichen regiert wird, das der Mond gerade durchquert.« Gemeint hat er damit: Man soll keine chirurgischen Eingriffe an einem Körperteil vornehmen, der von dem gerade herrschenden Tierkreiszeichen regiert wird. Welche Körperteile von den einzelnen Tierkreiszeichen beeinflußt werden, können Sie in den Tabellen im Kap. I und am Schluß dieses Kapitels noch einmal nachlesen. Als Beispiel: An Fischetagen sollte man keine Fußoperationen vornehmen, an Löwetagen keine Herzoperationen etc.

Sie werden vielleicht fragen: Wie steht es aber um den negativen Einfluß, wenn der Löwe bei einer Herzoperation im günstigen abnehmenden Mond steht? In diesem Fall gilt grundsätzlich: Der günstige Einfluß des abnehmenden Mondes ist stärker als der negative des Löwen. Um beim Beispiel zu bleiben, hier eine Reihenfolge der günstigen und ungünstigen Einflüsse auf eine Herzoperation.

Am ungünstigsten:	Vollmond im Löwen
Sehr schlecht:	zunehmender Mond im Löwen
Schlecht:	zunehmender Mond in anderen Zeichen
Gut bis mittel:	abnehmender Mond im Löwen
Gut:	abnehmender Mond in anderen Zeichen

Zwei zentrale Fragen ergeben sich, wenn man Erfahrungen mit der Gültigkeit dieser Rhythmen gesammelt hat oder diesen Hinweisen schlicht vertraut:

- *Wie integriert ein Chirurg in freier Praxis oder im Krankenhaus, als Leiter oder als Angestellter diese Regeln in den Betrieb einer Klinik unserer Zeit?*

Nun, wo eine Einsicht ist, da kann ein Wille entstehen. Und wo ein Wille ist, da ist ein Weg.

- *Wie bringt man als Patient den Arzt dazu, den eigenen Terminvorschlag anzunehmen?*

Man kann ja nur in seltenen Fällen zu ihm gehen und die Begründung auf diese Regeln stützen. Und oft diktiert der ›Sachzwang‹, der Krankenhaus- und Praxis-›Betrieb‹ den Termin einer Operation. Diesem wichtigen Punkt ist der Schluß des Kapitels über die Gesundheit gewidmet. Vielleicht erweisen sich die darin enthaltenen Gedanken und Anregungen als hilfreich, nicht nur, um Ihren ›Willen durchzusetzen‹, sondern auch um dabei mitzuwirken, daß dieses Wissen wieder die Berücksichtigung findet, die es verdient.

Gesundheitsfaktor ›guter Platz‹

In jedem Haus, in jeder Wohnung gibt es gute und schlechte Plätze, unabhängig davon, was sich auf diesem Platz befindet – sei es Mauer, Tisch, Stuhl, Bett oder Küchenzeile.

Die Fähigkeit, solche Plätze voneinander zu unterscheiden, ist bei jedem Menschen unterschiedlich ausgeprägt. In der Regel ist die Sensitivität jedoch im Babyalter und in der Jugend größer als bei Erwachsenen. Auch die individuelle Reaktion ist unterschiedlich: Manche Menschen verbringen Jahre in einem Bett, das auf einem ›schlechten‹ Platz steht, ohne krank zu werden, manche werden schon nach einigen Minuten Sitzen auf einem schlechten Platz unruhig und nervös.

Noch ist nicht erforscht, was *genau* die Qualität eines Platzes bestimmt. Sicher sind jedoch Strahlungen verschiedener Art beteiligt – unterirdische Wasseradern, Erdstrahlungen und dergleichen. Andererseits zeigt die orthodoxe Wissenschaft auch wenig Neigung, auf dem Wege des Erfahrungswissens die – bei gutem Willen – mühelos beweisbaren Phänomene eingehend zu untersuchen. Solange jeder ernsthafte Wissenschaftler fast augenblicklich seinen ›guten Ruf‹ verliert, wenn er sich diesem Thema zuwendet, wird das auch noch einige Zeit so bleiben. Andererseits ist die genaue Erforschung mit heute üblichen Methoden sehr schwer. Einer der wichtigsten Gründe dafür ist, daß erfahrene Rutengänger und Pendler sich für solche Untersuchungen kaum zur Verfügung stellen würden. Sie wissen, daß die Anwesenheit von nur einem einzigen Menschen, der an dieser Kunst und ihrem Wert zweifelt, oft schon das Untersuchungsergebnis verfälscht. Mit der Konsequenz, daß sich eigentlich nur Rutengänger der Wissenschaft anbieten, die ihre Fähigkeiten ein wenig überschätzen, um es vorsichtig auszudrücken.

Früher war das Phänomen des guten Platzes wohlbekannt: Im alten China wurde kein Haus gebaut, ohne daß der Grund vorher nicht genauestens untersucht worden wäre. Die Chinesen waren auch die ersten, die ihre Erfahrungen mit der Anwendung dieses Wissens schriftlich niederlegten. Unsere Vorfahren bedienten sich einer Reihe von ›Werkzeugen‹ zur Identifikation von guten und schlechten Plätzen: Ruten, Pendel etc. und die genaue Beobachtung der Tier- und Pflanzenwelt. Sie fanden heraus, daß viele Tiere ausgesprochene Detektoren für die Qualität eines Platzes sind: Katzen, Ameisen und Bienen etwa sind ›Strahlensucher‹ – sie bevorzugen für den Menschen schlechte Plätze. Ameisen und Bienen errichten ihre Nester stets über der Kreuzung von zwei Wasseradern. Daß Störche und Schwalben verbreitet als Glücksbringer gelten, hängt vielleicht damit zusammen, daß sie nur dort nisten, wo die Umgebung weithin strahlungsfrei ist. Vögel wie auch Hunde, Pferde und Kühe gehören zu den ›Strahlenflüchtern‹ – wo sie sich niederlassen, ist auch für uns Menschen ein guter Platz.

Viele Eltern haben es schon beobachtet: Manche Babys drehen und wälzen sich im Bett, schreien viel, liegen oft morgens in einer Ecke des Bettchens; viele Kinder halten es nachts in ihrem Bett nicht aus, schlüpfen bei Eltern oder Geschwistern unter. Schulkinder, die ein Jahr lang ständig auf dem gleichen schlechten Platz sitzen, bleiben oft grundlos in ihren Leistungen zurück, nachdem bislang alles gut gegangen ist. Manchmal richtet man mit viel Geld und Geschmack ein Kinderzimmer mit Schreibtisch ein, und dann kommt das Kind zum Hausaufgabenmachen doch in die Küche. Meist ist das ein erstes Zeichen dafür, daß das Kind einen ungünstigen Platz am Schreibtisch hat.

Auch in der Erwachsenenwelt läßt sich manches beobachten, was mit guten und schlechten Plätzen zu tun hat:

»Früher wußte man von bestimmten Höfen, daß es dort keine Magd länger als ein paar Monate aushält oder daß

die Bäuerin oder der Bauer jung stirbt, fast als ob ein Fluch auf dem Haus lastet. Meist hing das mit schlechten Schlaf- und Arbeitsplätzen zusammen.«

Vielleicht ist Ihnen schon einmal aufgefallen, daß manche Hausfrau beim Kochen schräg oder in größerem Abstand vor dem Küchentisch steht, daß es Stühle im Wohnzimmer gibt, die grundlos leer bleiben, daß Sie an bestimmten Plätzen regelmäßig schnell müde oder unruhig werden. Mancher ansonsten fähige und bei seinen Schülern beliebte Lehrer bekommt plötzlich eine ›schlechte‹ Klasse, mit der er nicht zurechtkommt, bei der er ›keinen Fuß auf den Boden bekommt‹, weil sein Stuhl auf einem schlechten Platz steht. Manchmal behilft er sich unbewußt, indem er auf und ab geht oder ständig auf dem Pult sitzt statt dahinter.

Leider ist unser Gefühl einem bestimmten Platz gegenüber kein sicheres Zeichen für seine Qualität: Manche Menschen haben sich so sehr an negative Energien gewöhnt – etwa weil ihr Bett schon seit Jahren auf einem schlechten Platz steht –, daß sie von ›schlechten‹ Plätzen geradezu magnetisch angezogen werden.

Die Einsicht, daß es ›gute‹ und ›schlechte‹ Plätze gibt und ihre Identifikation ist jedoch von größter Bedeutung, wenn es um unsere Gesundheit geht. Jahrelanges Sitzen oder Schlafen auf einem schlechten Platz kann verantwortlich oder mitverantwortlich sein für langwierige, chronische Krankheiten, für chronische Kopfschmerzen, Müdigkeit und dergleichen. Und dies so sehr, daß man eine vielleicht etwas drastische Feststellung treffen muß: *Es ist fast selbstmörderisch, nach einer Operation nach langwieriger Krankheit nach Hause zu kommen und wieder das gleiche Bett an gleicher Stelle zu beziehen.* Jeder Mensch, der unter chronischen Störungen seines Wohlbefindens leidet, sollte seinen Schlaf- und Arbeitsplatz von Menschen untersuchen lassen, die in dieser Kunst bewandert sind.

Selbstverständlich werden Sie jetzt fragen, was man *selbst* tun kann, um die Qualität eines Platzes festzustellen. Leider gibt es kein Patentrezept. Wenn Sie Verdacht geschöpft und Grund zu der Vermutung haben, Sie selbst oder ein Mitglied Ihrer Familie könnten an schlechten Plätzen schlafen oder arbeiten, probieren Sie es mit einer Umstellung der Möbel. Meistens genügen schon ein bis zwei Meter Abstand zum alten Platz.*

Wie gibt man eine schlechte Gewohnheit auf?

Dieses Kapitel ließe sich in einem Satz abhandeln:

> **Für die Aufgabe schlechter Gewohnheiten ist als Starttermin der Neumondtag gut geeignet, am besten der Märzneumond, wenn die Sonne von Fische zu Widder wechselt (aber nicht so viel besser, daß Sie für Ihren guten Vorsatz noch monatelang zuwarten sollen).**

Doch das Thema ›guter Vorsatz‹ verdient eine ausführlichere Besprechung. Der Neumondtag ist zwar der günstigste Zeitpunkt, aber vor das Aufgeben einer ›schlechten Gewohnheit‹ ist eine merkwürdige Hürde gesetzt.

Zwei Fragen sollten Sie sich stellen, bevor Sie den Entschluß fassen: »Ich gebe das Rauchen (Trinken) auf«, »Ich werde nicht mehr nachtragend sein«, »Ich werde mich mehr um meine Kinder kümmern«, »Ich werde nicht mehr so viel essen«, »Ab heute treibe ich mehr Sport« und so weiter und so fort.

- *Ist der Fehler, den ich abstellen möchte, wirklich ein Fehler?*
- *Aus welchem Grund möchte ich ihn beseitigen?*

---

* Siehe auch J. Paungger/T. Poppe »Aus eigener Kraft« (Goldmann Verlag München 1993) S. 281 ff.

Zur ersten Frage eine kleine Fabel: Ein Affe holte einen Fisch aus dem Wasser und legte ihn auf einen Ast. »Was hast du vor?« fragte ein Artgenosse, der sehr verwundert war, denn Fische stehen eigentlich nicht auf dem Speisezettel der Affen. »Ich rette ihn vor dem Ertrinken«, war die Antwort.

Sind Sie sicher, daß es wirklich ein Fehler ist, den Sie beseitigen wollen, ist es wirklich eine ›schlechte‹ Gewohnheit? Vielleicht gehorchen Sie mit dem Wunsch, sich zu ändern, nur einer gesellschaftlichen Konvention, die nichts mit Ihrer eigentlichen Natur zu tun hat. Vielleicht sind Sie ein kraftvoller, temperamentvoller Mensch, der sich ständig dazu zwingt, seine eigentliche Natur nicht wahrzuhaben, aus falschverstandener Rücksicht?

Wir alle haben einen merkwürdigen ›Affen‹ in uns, der nur allzuoft den inneren Fisch aus dem Wasser ziehen will, um ihn zu retten. Oft sind schlechte Gewohnheiten nur deshalb ›schlecht‹, weil wir dazu dressiert wurden, sie als schlecht zu bezeichnen. Oder es sind fehlgeleitete Kräfte, die nur der Umorientierung bedürfen, um wertvoll und nützlich für uns selbst und damit für unsere Mitmenschen zu werden.

Vielleicht klingt es etwas provozierend: Wenn Sie auf die zweite Frage nach dem Grund für die Aufgabe einer schlechten Gewohnheit eine *rationale* Antwort finden, dann lassen Sie von Ihrem Vorhaben. Das einzige, was wirklich zählt, ist Ihr *innerer Entschluß,* Ihre klare innere Absicht. *Ohne* jedes Wenn und Aber und Weil. Wenn Sie sich entscheiden, weil »es gesund ist, weil ich Mami / Chef / Partner / allen Menschen / mir selbst etwas beweisen möchte, weil ich dann besser aussehe, weil mein Partner auch gerade aufhört, weil es mich zu einem besseren Menschen macht«, dann haben Sie schon den Grundstein für den Mißerfolg Ihrer Absicht gelegt. Selbst wenn es Ihnen unter Aufbietung von Kraft, Selbstdisziplin und Härte gegen sich selbst gelingen sollte, von der schlechten Gewohnheit abzulassen, wird sie entweder wieder zurückkehren oder an einer anderen Stelle – und jetzt vielleicht sogar viel schädlicher – wieder auftauchen.

ÜBER DIE REUE

Reue bedeutet Umkehr oder auch die völlige Aufgabe einer Sache, die bis dahin starke Anziehungskraft ausgeübt hat.

Vergnügen und Reue ist in den meisten Fällen genauso schlimm wie der ursprüngliche Fehler.

Kein dauerhafter Fortschritt kann von demjenigen erwartet werden, der auf seine Besserung stolz ist.

Die Reue der Unwissenden besteht darin, starke Reaktionen auf die Aufgabe einer Sache oder bei der Bitte um Vergebung für etwas zu empfinden.

Es gibt eine höhere Form, die Reue der Weisen, die zu höherem Wissen führt und zur Liebe.

PAHLAWAN-I-SAIF

Häufig sind – so hart es klingt – Eitelkeit, Angst, Stolz und Gier die tieferen Gründe für die Aufgabe schlechter Gewohnheiten. Was habe ich also erreicht, wenn ich den Fehler beseitige? Ganz einfach: ich habe meine Eitelkeit, Angst, Stolz oder Gier gestärkt, habe ihnen mehr Kraft verliehen als vorher. Und welche Folgen das hat, braucht man Ihnen nicht zu erzählen. Schauen Sie sich um.

Wenn Sie also eine schlechte Gewohnheit aufgeben wollen, sehen Sie ihr ruhig und gelassen ins Auge. Betrachten Sie sie von allen Seiten. Und entscheiden Sie dann, sie aufzugeben (oder auch nicht). Warum? Weil es Ihr Wille ist. Punkt, basta. Und dann wählen Sie für die Ausführung Ihres Entschlusses einen Neumondtag. Er kann Ihnen helfen.

Der Rhythmus der Organe im Tageslauf

Jedes Organ im Körper durchläuft im Lauf von 24 Stunden eine Hochphase, in der es zwei Stunden lang besonders gut und effizient arbeitet, und dann, wie aus der folgenden Tabelle ersichtlich wird, gleich darauf zwei Stunden lang eine ›schöpferische Pause‹ einlegt.

Jeder Bergsteiger weiß es: Wenn er um 3 Uhr morgens aufsteht, hat er einen viel besseren Start für seine Tour als um 5 Uhr. Seine Lungen arbeiten um 3 Uhr zwei Stunden lang besonders gut. Der gute Start läßt ihn den Kräfteabfall nach 5 Uhr früh viel besser überbrücken – er hat sich ›eingelaufen‹. Beginnt er dagegen um 5 Uhr morgens, wird er mit Startschwierigkeiten zu kämpfen haben.

Eltern wissen es: Wenn es ihnen gelingt, die Kinder vor 7 Uhr zu Bett zu bringen, schlafen sie oft problemlos ein. Wird die 7-Uhr-Grenze weit überschritten, ist es doppelt schwer, sie in den Schlaf zu wiegen. Von 19 bis 21 Uhr arbeitet der Kreislauf am besten. Oft denkt der Körper in dieser Zeit nicht an Schlaf.

Fast alle haben schon die Erfahrung gemacht: Gegen 1 Uhr mittags kommt es oft zu einem Leistungsabfall, besonders nach dem Mittagessen. Der Dünndarm, der bei vielen Verdauungsprozessen die Hauptlast trägt, will zu seinem Recht kommen, arbeitet besonders gut und wünscht sich vom ›restlichen‹ Körper eine Pause, weil er vom vegetativen (unbewußt funktionierenden) Nervensystem gesteuert wird und jede Art von Streß besonders schlecht verträgt. Sie sehen: die ›Siesta‹ der südlichen Länder findet ihren Widerhall im Tagesrhythmus der Organe.

Der Rhythmus der Organe im Tageslauf

Organ	*Hochphase*	*Tiefphase*
Leber	1– 3 h	3– 5 h
Lunge	3– 5 h	5– 7 h
Dickdarm	5– 7 h	7– 9 h
Magen	7– 9 h	9–11 h
Milz und Bauchspeicheldrüse	9–11 h	11–13 h
Herz	11–13 h	13–15 h
Dünndarm	13–15 h	15–17 h
Harnblase	15–17 h	17–19 h
Nieren	17–19 h	19–21 h
Kreislauf	19–21 h	21–23 h
Allgemeine Energiesammlung	21–23 h	23– 1 h
Gallenblase	23– 1 h	1– 3 h

Dieses Wissen können Sie folgendermaßen nutzen: Wenn man die Hochphasen der Organe kennt, kann man das Zuführen von Heilmitteln oder das Ausschwemmen von Giften, beziehungsweise jede dem Wohlbefinden und der Gesundheit dienende Maßnahme auch tagsüber, unabhängig vom Mondstand, zum richtigen Zeitpunkt vornehmen.

Beispielsweise Blutreinigungstees zwischen 15 und 19 Uhr, kleine Nickerchen zwischen 13 und 15 Uhr (Büroschlaf!), Frühstück nicht mehr nach 9 Uhr morgens, weniger rauchen und trinken zwischen 1 Uhr nachts und 5 Uhr morgens, und so fort.

Beobachten Sie selbst, schauen Sie, nehmen Sie wahr, machen Sie sich Notizen: Erfahrung ist besser als Information. Information ist nur ein Werkzeug. Auch die Hand, die sich des Werkzeugs bedient, bedarf der Übung. Und das Herz, das die Hand führt.

Besuch beim Zahnarzt

Auch die Arbeit von Zahnärzten wird vom Mondstand beeinflußt. Sollte ein Zahnarzt Interesse haben, diesen Einfluß nachzuprüfen, genügt ein einfacher Test. Zuerst sollte er aus seiner Patientenkartei alle Fälle herausfischen, bei denen eine Plombe, Zahnkrone oder Brücke aus unerklärlichen Gründen zu früh wieder herausfiel, etwa in einem Zeitraum von drei Jahren nach dem Einsetzen. Anhand von Kalendern könnte er dann eine Strichliste anfertigen: Links trägt er alle Fälle ein, bei denen das Einsetzen bei *zunehmendem* Mond erfolgte, rechts bei *abnehmendem* Mond. Das Ergebnis wird für sich selbst sprechen.

Wenn möglich, sollte das Einsetzen von Kronen und Brücken bei abnehmendem Mond erfolgen.

Auch beim Zahnziehen sollte man auf den abnehmenden Mond achten, besonders, wenn es um Weisheitszähne geht, die manchmal fast einer Operation bedürfen. Wenn möglich, sollte man ein Luftzeichen meiden (Zwillinge, Wassermann, Waage). Bei Kieferoperationen ist das Zeichen Stier ungünstig.

Natürlich ist es nicht immer einfach, auf den richtigen Termin zu achten, geschweige denn einen Praxisbetrieb dem Mondrhythmus anzupassen. Vielleicht finden Sie jedoch den einen oder anderen Hinweis zu diesem Thema am Schluß dieses Kapitels hilfreich.

Die Wechselwirkung zwischen Mondstand im Tierkreis und Körper und Gesundheit

Der zwei- bis dreitägige Aufenthalt des Mondes in einem der zwölf Tierkreiszeichen weckt jeweils unterschiedliche Kräfte, die überall in der belebten Welt spürbar sind und auch unseren Körper merklich beeinflussen.

Prinzip, Ansatzpunkt und Wirkung dieser Kräfte sind nicht allzu schwer zu beschreiben, doch obendrein besitzen sie eine Art ›Färbung‹, die nicht leicht in Worte zu fassen ist – etwas, das auf unsere geistig-seelische Gestimmtheit abfärbt, wie ein musikalischer Akkord, der von ferne klingt und zu hören ist, wenn man hören will. Auf den folgenden Seiten erhalten Sie, nach Tierkreiszeichen geordnet, eine Zusammenfassung der jeweiligen Impulse und ihrer Bedeutung für die Gesundheit.

Körperliche Einflussphäre der einzelnen Tierkreiszeichen

Zeichen	*wirkt auf*	*System*
Widder	Kopf, Gehirn, Augen	Sinnesorgane
Stier	Kehlkopf, Sprachorgane, Zähne, Kiefer,Nacken, Mandeln, Ohren	Blutkreislauf
Zwillinge	Schulter, Arme, Hände, Lunge	Drüsensystem
Krebs	Brust, Lunge, Magen, Leber, Galle	Nervensystem
Löwe	Herz, Rücken, Zwerchfell, Blutkreislauf, Schlagader	Sinnesorgane
Jungfrau	Verdauungsorgane, Nerven, Milz, Bauchspeicheldrüse	Blutkreislauf
Waage	Hüfte, Nieren, Blase	Drüsensystem
Skorpion	Geschlechtsorgane, Harnleiter	Nervensystem
Schütze	Oberschenkel, Venen	Sinnesorgane
Steinbock	Knie, Knochen, Gelenke, Haut	Blutkreislauf
Wassermann	Unterschenkel, Venen	Drüsensystem
Fische	Füße, Zehen	Nervensystem

Die Grundregeln lauten:

- Alles, was Sie für das Wohlergehen jener Körperregion tun, die von dem Zeichen regiert wird, das der Mond gerade durchschreitet, wirkt doppelt wohltuend. Mit Ausnahme von chirurgischen Eingriffen.

• Alles, was die Körperregion, die von dem Zeichen regiert wird, das der Mond gerade durchschreitet, besonders belastet oder strapaziert, wirkt doppelt schädlich. Chirurgische Eingriffe an diesen Tagen sind, wenn möglich, zu vermeiden, ausgenommen natürlich Notoperationen.

• Nimmt der Mond gerade zu, wenn er das Zeichen durchläuft, sind alle Maßnahmen zur Zuführung aufbauender Stoffe und zur Kräftigung der von dem Zeichen regierten Organbereiche erfolgreicher als bei abnehmendem Mond. Nimmt er gerade ab, sind alle Maßnahmen zum Ausschwemmen und Entgiften des jeweiligen Organs erfolgreicher als bei zunehmendem Mond.

Nicht die jeweilige Form der Anwendung – Medikamentengaben, Massagen, Gymnastik, Wassertherapie etc. – zählt dabei, sondern die letztliche Absicht, die mit ihr verfolgt wird.

Widder

Im zunehmenden Mond
Oktober bis April

Im abnehmenden Mond
April bis Oktober

Färbung: Widder strebt und will – zuweilen ungeduldig, mit dem ›Kopf durch die Wand‹. Unsichtbare Ketten rasseln jetzt, werden weniger bereitwillig geduldet. Dinge nehmen ihren Anfang, der direkte Weg scheint der beste.

Mit dem Tierkreiszeichen Widder nehmen die Einflüsse auf den Körper in der Kopfregion ihren Anfang. Wer besonders anfällig für Migräne ist, wird oft die zwei oder drei Widdertage im Mondmonat zu spüren bekommen.

»Ich habe oft beobachten können, daß viele Menschen, besonders Frauen, an diesen Tagen von heftigen Kopfschmerzen geplagt werden. Häufig tragen sie durch ihr Verhalten vor den Widdertagen zur Auslösung der Kopfschmerzen bei. Sie haben ein Talent, richtige Dinge, Haushaltsarbeiten und Termine kurz vor den Widdertagen vor sich herzuschieben, bis ausgerechnet am Widdertag selbst alles auf sie einstürzt. Beobachten Sie sich selbst und versuchen Sie, die Widdertage von Streß und Druck so gut es geht freizuhalten.«

Eine weitere gute Maßnahme zur Migränevorbeugung ist es, an Widdertagen viel klares Wasser zu trinken, und auf Kaffee, Schokolade und Zucker zu verzichten. Dieser Ratschlag hilft, wie so oft, nur denjenigen Menschen, die schon gelernt haben, auf die eigenen Körpersignale zu hören. Wer diese Sprache beherrscht, kann sich von allem, was seinem Körper hilft oder schadet, ein klares Bild machen.

Tausende von Medikamenten, Tees und Salben gibt es, Tausende von guten und gutgemeinten Ratschlägen, die bei ein und derselben Störung unseres Wohlbefindens helfen könnten. Daran ist nichts auszusetzen, doch wenn ich in mich ›hineinhorche‹, dann reicht ein einziges dieser Mittel völlig aus. Und zwar dasjenige, das mir hilft. Kein Medikament ist nur ›schlecht‹ oder nur ›gut‹. Auf den einzelnen Menschen kommt es an, was letztlich hilft. Dazu brauche ich aber unbedingt ein ›Gefühl‹ für mich selbst, die Meinung von Fachleuten genügt oft nicht. Dieses Gefühl erwirbt man leider nur allzuoft erst durch Krankheit und Leid. ›Wer keine Zeit für seine Gesundheit hat, wird Zeit für seine Krankheit haben müssen‹. Gerade chronisch kranke Menschen täten gut daran, aus ihren Krankheiten zu lernen, statt sich nur in die ›Hände der Medizin‹ zu begeben und sich ›behandeln‹ zu lassen. Die Einsicht, daß der ganze Körper behandelt werden muß und daß eine andere Lebensweise nötig ist, ist besser als die Bekämpfung von Symptomen.

Mit dieser Einstellung kann man an Widdertagen Kopfschmerzen vorbeugen und erreicht damit viel mehr als ein uneinsichtiger Mensch, der fünf Liter Wasser gegen Kopfschmerzen trinkt und abwartet, ob es hilft. Es wird ihm nichts nützen. Bei unseren Freunden hat dieses ›Rezept‹ schon oft geholfen, doch es ist letztlich nur ein Vorschlag. Ihn zu verallgemeinern ist nicht möglich.

Das Tierkreiszeichen Widder wirkt auch auf Augen und Gehirn. Grundsätzlich ist Widder kein guter oder schlechter Tag für den Kopfbereich. Es kommt darauf an, was getan wird. Augenumschläge für entzündete oder erschöpfte Augen werden an Widdertagen ihre Wirkung nicht verfehlen.

Heilkräuter, die für ihre gute Wirkung bei Augenbeschwerden bekannt sind, entfalten an diesem Tag gesammelt größere Kraft (Augentrost u. a.). Auf Vorrat sollte man bei abnehmenden Mond pflücken und auch bei abnehmenden Mond trocknen und lagern. Ein altes, gut wirksames Mittel bei erschöpften Augen ist das Benetzen der geschlossenen Augenlider mit dem eigenen Speichel, morgens nüchtern vor dem Frühstück und nur bei abnehmenden Mond.

Augenverletzungen (die man sich ja nicht aussuchen kann) und Überanstrengung schaden jetzt mehr als an Waage, um nur ein Beispiel zu nennen. Wenn es Ihnen möglich ist, tun Sie heute Ihren Augen etwas Gutes.

Besonders kritische Widdertage sind im März, April, September und Oktober. Alle Personen, die häufig an Kopfschmerzen leiden oder im Kopfbereich empfindlich sind, sollten diese Tage so ruhig wie möglich gestalten. Auch Operationen am Kopf sollten vermieden werden. Ganz besonders schlecht sind die Widdertage im Oktober, weil sie unmittelbar an Vollmond sind.

Stier

Im zunehmenden Mond
November bis Mai

Im abnehmenden Mond
Mai bis November

Färbung: ›Realismus‹ herrscht, materielle Sicherheit wird zum Gut. Beharrlichkeit fällt leichter, Gedanken und Reaktionen werden langsamer. Hartnäckigkeit. »Das weiße Pferd der Araber ist schnell wie der Wind, doch das Kamel trabt durch die Wüste Tag und Nacht.«

Mit dem Eintritt des Mondes in das Tierkreiszeichen Stier wird der Körperbereich Hals stärker beeinflußt. Wieder läßt sich das so verstehen: Gute Einflüsse wirken besonders gut, ungünstige besonders schlecht.

Wochenlang fährt etwa ein junger Mann bei schönem, warmem Wetter mit seinem Kabrio spazieren und genießt den Fahrtwind. Eines Tages, aus buchstäblich ›heiterem‹ Himmel, bekommt er abends einen steifen Hals, muß sich tagelang mit Nackenwickeln behelfen und fühlt sich wie ein alter Mann.

Oder Sie bekommen plötzlich Halsschmerzen und merken gleichzeitig, daß auch Schulfreunde, Nachbarn oder Kollegen mit krächzender Stimme reden und mit Halstüchern herumlaufen, obwohl Halsentzündungen und Erkältungen nicht immer ansteckend sind. Vielfach hat hier der Stier ›angeschoben‹. Was natürlich – wie bei allen anderen Zeichen auch – nicht heißen soll, daß man jetzt Halsweh bekommen ›muß‹. Aber eine größere Gefahr von Halsentzündungen ist gegeben.

Die Informationen für die an den verschiedenen Tierkreiszeichen waltenden Kräfte können Ihnen wertvolle Hinweise für vorbeugende Maßnahmen geben. Wer schon einmal an Stiertagen einen Tee gegen Heiserkeit oder Mandelentzündungen getrunken hat, weiß, wie gut ein einfacher Tee wirken kann. Auch andere Medikamente gegen Halsentzündungen wirken an diesen Tagen besonders gut.

Der Stier wirkt auch auf Sprachorgane, Kiefer, Zähne, Mandeln, Schilddrüse, Nacken, Stimme und Ohren. Für Ungeübte kann das Halten einer Rede an Stiertagen zur Qual werden und in heiserem Gekrächze enden.

Besonders an kalten Stiertagen sollte man die Ohren nicht ungeschützt halten. Sie sind jetzt empfindlicher gegen Zugluft und Lärm. An Stiertagen ab und zu einen Tropfen Johannisöl ins Ohr beugt manchem Ohrenleiden vor, besonders wenn die Johanniskrautblüten für das Öl bei Stier gesammelt wurden.

Zwillinge

Im zunehmenden Mond
Dezember bis Juni

Im abnehmenden Mond
Juni bis Dezember

Färbung: Der Geist wird rege und vielseitig, bewegt sich in Sprüngen. Ein Windhauch kann ihn vom Kurs abbringen. Kräfte verzweigen sich und dringen in jeden Winkel.

Rheumatische Zipperlein im Schulterbereich sprechen jetzt besonders gut auf geeignete Salben an, eventuell mit Kräutern hergestellt, die bei Zwillinge oder Stier gesammelt wurden. Zu leichte Kleidung bei kühlem Wetter dagegen kann Ihren Körper veranlassen, unangenehm auf sich aufmerksam zu machen.

Zwillingetage sind immer Anlaß, dem Schultergürtel etwas Gutes zukommen zu lassen. Gezielte Gymnastik kann Wunder wirken – ein Fest für Ihre Schultern. Vom Muskelkater bleiben Sie allerdings deshalb nicht unbedingt verschont. Er wäre ohnehin kein schlechtes Zeichen, weil der Körper damit kundtut, daß er mit Entgiften beschäftigt ist.

Die Lungen werden an Zwillingetagen schon etwas beeinflußt, auch wenn sie stärker vom Zeichen Krebs berührt werden. Gezielte Atemübungen sind aber jetzt schon sehr nützlich.

Rheumakranke haben manchmal an Zwillingetagen Beschwerden, doch das liegt oft daran, daß an Zwillinge das Wetter gerne umschlägt. Damit ist nicht nur der deutlich merkbare Umschlag von Sonnenschein zu Regen oder umgekehrt gemeint. Klimawechsel vollziehen sich in vielfältiger Weise. Davon können gerade die Bayern ein Lied singen: Sie wissen, was ein starker Föhn für ihr Wohlbefinden bedeuten kann. Warme, kreislaufbelastende Fallwinde mit klangvollen Namen (Schirokko, Chamsin, Chinook) gibt es jedoch in aller Welt.

Krebs

Im zunehmenden Mond
Januar bis Juli

Im abnehmenden Mond
Juli bis Januar

Färbung: Gefühle gewinnen Tiefe, aber auch Gewicht. Das Innen wird farbiger als das Außen, der Boden schwankt. Opfer fallen leichter. Dichtes, in die Breite gehendes Wachstum.

Die Kraft, die während der Krebstage waltet, versetzt das Gesamtbefinden oft in eine leichte Unruhe. Stärker als bei den anderen Tierkreiszeichen ist jetzt der Einfluß auf die Brust vorherrschend. Ebenso ›regiert‹ das Zeichen Krebs die Leber, und oft genügt schon eine durchgemachte Nacht, um sich am nächsten Tag völlig zerschlagen zu fühlen, weil die Leber zu viel zu tun bekam. Sollten Sie empfindlich an Leber und Galle, Lunge oder Brust sein, dann nützen Sie die Krebstage, um diesen Organen etwas Gutes zu tun. Auch der Magen spielt an Krebs gelegentlich verrückt (Aufstoßen, Sodbrennen). Eine leichte Kost wäre deshalb jetzt empfehlenswert.

Vom Monat Juli bis zum darauffolgenden Januar liegen die Krebstage stets im abnehmenden Mond, dann wieder ein halbes Jahr lang im zunehmenden Mond. Erinnern Sie sich: Bei abnehmenden Mond wird ausgespült. Bei zunehmenden Mond wird möglichst Gutes zugeführt.

Für Magen und Leber bedeutet das, daß Ausheilen und Ausführen giftiger Stoffe von Sommer bis Winter eine bessere Erfolgschance hat als von Winter bis Sommer.

Wer unter Rheuma leidet, sollte an Krebs (Wasserzeichen) sein Bett nicht draußen am Fensterbrett oder am Balkon lüften. Die Feuchtigkeit bleibt in den Federn und ein ziehendes Gefühl begleitet einen durch die Nacht.

Löwe

Im zunehmenden Mond
Februar bis August

Im abnehmenden Mond
August bis Februar

Färbung: Muskeln schwellen, Entschlossenheit regiert, man ›faßt sich ein Herz‹. Grenzen verlieren etwas an Kontur, scheinen leichter überwindbar. Freude am Risiko, austrocknendes Feuer.

Der Löwe-Impuls läßt den Blutkreislauf ›singen‹. Er ist jetzt aktiver als an anderen Tagen. Der Rücken schmerzt jetzt manchmal stärker, und das Herz spielt nicht selten ein wenig verrückt. Schlaflose Nächte können einem an Löwe durchaus zu schaffen machen, doch bis Jungfrau ist meist wieder alles vorbei.

Alles, was Herz und Kreislauf überanstrengen könnte, sollte an Löwe tunlichst vermieden werden. Gemeint sind natürlich keinesfalls die normalen körperlichen Betätigungen gesunder Menschen. Herzkranke Menschen spüren manchmal schon beim Tierkreiszeichen Krebs, daß sich der Löwe im Anmarsch befindet. Anstrengenden Reisen und Vorhaben sollten gerade sie jetzt aus dem Weg gehen. So mancher ungeübte Bergwanderer schnauft sich an Löwe zum Gipfel, obwohl er mit Kreislauf oder Herz Probleme hat. Er sollte gerade in den Löwetagen auf anstrengende Touren verzichten.

Zwar ist das Zeichen Jungfrau für die Verdauungsorgane ›zuständig‹, doch wer an Maßnahmen zu ihrer Gesundung und Kräftigung denkt, sollte damit jetzt schon beginnen. Löwe ist zudem ein sehr guter Tag für das Sammeln von Kräutern mit heilender Wirkung auf Herz und Kreislauf.

Jungfrau

Im zunehmenden Mond
März bis September

Im abnehmenden Mond
September bis März

Färbung: Der logisch begründbare Zweck heiligt die Mittel. Kleine, zögernde, methodische Schritte, fast pedantisch. Erst prüfen, dann handeln. Es wird getrennt und aufgespalten, mit der Absicht, zu erschließen.

Die besondere Kraft der Jungfrautage macht sich an den Verdauungsorganen bemerkbar. Gerade empfindliche Menschen bekommen jetzt häufig Probleme mit ihrer Verdauung. Eine entsprechende fördernde Kost ist in diesen Tagen besonders zu empfehlen, zumindest sollte man auf schwere oder fette Speisen verzichten.

An Jungfrau gesammelte Heilkräuter wirken nicht nur auf den Magen wohltuend, sondern auch auf Blut, Nerven und Bauchspeicheldrüse. Besonders ein Blutreinigungstee, etwa mit Brennesseln, an Jungfrau gesammelt, verfehlt nicht seine gute Wirkung. Der Wintervorrat sollte erst im September angelegt werden (junge Pflanzen, die nach dem Abmähen nochmals gewachsen sind), wenn der Mond im Zeichen Jungfrau gerade abnimmt. Einer vergrößerten Bauchspeicheldrüse tut dieser Tee besonders gut.

Waage

Im zunehmenden Mond
April bis Oktober

Im abnehmenden Mond
Oktober bis April

Färbung: Das Kunstvolle regiert, aber auch die Unentschlossenheit. Taktvolles Feingefühl, ohne Biß. Pendeln bis zum Gleichgewicht.

Hüftbereich, Blase und Niere können an Waagetagen besonders zu spüren sein. Zu Blasen- und Nierenentzündungen kommt es an diesen Tagen leichter. Achten Sie besonders auf gute Durchwärmung der Blasen- und Nierengegend. Sitzen auf Steinen oder im feuchten Gras sind jetzt Gift.

Eine gute Maßnahme ist es, nachmittags zwischen 15 und 17 Uhr viel zu trinken, um Blasen und Nieren gut durchzuspülen.

Gezielte Gymnastik für den Hüftbereich tut jetzt ebenfalls besonders gut.

Oft werde ich gefragt, wann man vom Mondstand her gesehen eine Hüftoperation vornehmen lassen sollte. Der richtige Zeitpunkt dafür ist der abnehmende Mond. In den Monaten zwischen April bis Oktober kommt im abnehmenden Mond z. B. nie das Sternzeichen Waage vor, d. h. beide Voraussetzungen sind günstig. Außerdem sollte nie das Sternzeichen im Kalender stehen, welches den entsprechenden Körperteil gerade regiert. Sollten Sie nur zwischen Oktober bis April Zeit haben, dann vermeiden Sie im abnehmenden Mond das Sternzeichen Waage.

Skorpion

Im zunehmenden Mond
Mai bis November

Im abnehmenden Mond
November bis Mai

Färbung: »Kostbar sind die Gelegenheiten, und die Zeit ist ein scharfes Schwert.« Annehmen fällt schwer. Kraft geht in die Tiefe, bohrt und forscht. Dunkles lockt.

Kein Tierkreiszeichen wirkt so stark auf die Geschlechtsorgane wie der Skorpion. Vorbeugende Sitzbäder mit Schafgarbe können jetzt so manchem Frauenleiden abhelfen.

Werdende Mütter sollten sich an Skorpion vor jeder Anstrengung schützen, weil es an diesen Tagen leichter zu Fehlgeburten kommt, besonders bei zunehmendem Mond.

Auch der Harnleiter ist an Skorpion besonders empfindlich und für positiven Einfluß dankbar. Kalte Füße und eine schlecht durchwärmte Becken- und Nierengegend können in diesen Tagen leicht zu Entzündungen von Blase und Niere führen. Wer unter Rheuma leidet, sollte an Skorpion (Wasserzeichen) sein Bett nicht draußen am Fensterbrett oder am Balkon lüften. Die Feuchtigkeit bleibt in den Federn.

Alle Heilkräuter, die an Skorpion gesammelt werden, sind in ihrer Wirkung besonders begünstigt. Holen Sie sich sämtliche Heilkräuter für ein Kissen noch bis Mai/Juni nach Hause. Dann werden Sie sich lange Jahre daran erfreuen. Nur das Abfüllen von Heilkissen sollte nicht an Skorpion erfolgen, weil ein Wasserzeichen wegen der Feuchtigkeit nicht gut geeignet ist.

Auch das *Aussäen* von Heilkräutern ist an Skorpiontagen gut.

Schütze

Im zunehmenden Mond
Juni bis Dezember

Im abnehmenden Mond
Dezember bis Juni

Färbung: Zukunft scheint wichtiger als Gegenwart und Vergangenheit, das Große wichtiger als das Kleine, das Zusammenführen wichtiger als das Trennen. Großzügigkeit regiert, aber auch Pathos. Schritte werden länger.

Schütze wirkt auf Hüfte, Becken, Darm- und Kreuzbein und Oberschenkelknochen. Ischiasnerv, Venen und Oberschenkel melden sich besonders an Schützetagen. Oft schmerzt auch noch das Kreuz bis zu den Oberschenkeln, weil auch an Schütze das Wetter gerne umschlägt, ähnlich wie an Zwillinge. Massagen tun besonders gut und lockern verkrampfte Muskeln. Andererseits wird ein untrainierter Körper schon einfache Bergtouren von ein paar Stunden in den Oberschenkeln spüren.

Also an Schütze nicht übertreiben und untrainiert keine langen Wanderungen unternehmen. Wenn Eltern ihre Kinder ausgerechnet an Schütze zum erstenmal auf große Wanderfahrt mitnehmen, vielleicht sogar dazu zwingen, kann das den Kindern die Freude am Wandern für lange Zeit verderben.

Steinbock

Im zunehmenden Mond
Juli bis Januar

Im abnehmenden Mond
Januar bis Juli

Färbung: Die Luft wird durchsichtig, das Denken klar und ernst, geradlinig, wenig beweglich. »Wer immer strebend sich bemüht ...«

Unnötig starke Belastungen der Knochen ganz allgemein und der Knie im besonderen können in den Steinbocktagen Folgen haben. Ähnlich wie an Schütze gilt: Nach längerer Pause oder als Anfänger keine Bergtouren oder Skifahrten starten. Chirurgen und Orthopäden in Skigebieten wissen genau, wenn der Mond den Steinbock durchläuft: Sie dürfen ihren Erfahrungsschatz mit Knieoperationen erweitern. Fußballer mit Meniskusbeschwerden sollten keinesfalls übertreiben.

Bei jeder Bewegung sind die Knie jetzt stark gefordert. Knieumschläge als Vorbeugung oder Heilung tun in diesen zwei oder drei Tagen besonders gute Dienste. Auch allen anderen Knochen und Gelenken kann man jetzt etwas Gutes tun. Zusätzlich ist dieser Tag für jede Form der Hautpflege gut geeignet (siehe auch Kapitel V).

Wassermann

Im zunehmenden Mond
August bis Februar

Im abnehmenden Mond
Februar bis August

Färbung: Der Geist schlägt Kapriolen, intuitive Gedanken erhalten Gehör. Fesseln werden nicht geduldet, auch eingebildete nicht.

Wassermann wirkt auf Unterschenkel und Sprungelenk. Venenentzündungen an Wassermann sind keine Seltenheit. Jetzt ist Zeit, eine gute Venensalbe auf die Unterschenkel aufzutragen und die Beine hochzulagern.

Wer zu Krampfadern neigt, sollte an diesen Tagen langes Stehen vermeiden, einfache Stadtbummel können an Wassermann Alpträume verursachen. Meistens haben die Taxifahrer an Wassermann mehr zu tun.

Operationen an Krampfadern sollten nicht an Wassermann vorgenommen werden.

Fische

Im zunehmenden Mond
September bis März

Im abnehmenden Mond
März bis September

Färbung: Gemeinnutz geht vor Eigennutz. Grenzen verschwimmen, der Blick hinter die Kulissen fällt leichter. Fantasie färbt die Welt. Standpunkte werden gemieden, viele ›Füße geküßt‹.

Der Widder begann mit der Kraftwirkung auf den Kopf, die Fische enden mit den Füßen. Wenn Sie dem Kreislauf der Impulse nachspüren und allmählich bei sich selbst wahrnehmen, müssen Sie nicht mehr ständig auf der Hut sein. Ein Monatslauf reicht aus, um dem Körper gezielt – von oben nach unten – zu geben, was er braucht und um auf die jeweiligen Schwachstellen besonders zu achten.

Fische ist der beste Termin für Fußbäder und das Behandeln von Hühneraugen (jedoch nicht herausoperieren). Warzen an den Füßen lassen sich bei Fische mit gutem Erfolg behandeln. Dabei sollten Sie jedoch unbedingt auf den abnehmenden Mond achten. Bei zunehmenden Mond kann es Ihnen passieren, daß sich nach der Behandlung statt drei plötzlich fünf Warzen zeigen.

Eine Besonderheit der Fische-Tage: Alles, was man an diesen Tagen zu sich nimmt – von Alkohol und Nikotin über Kaffee und Medikamente –, wirkt sehr viel intensiver als an anderen Tagen. Vermutlich liegt der Zusammenhang darin, daß ja alle inneren Organe über die Meridianbahnen in den Fußsohlen enden und daher an Fischetagen besonders empfindsam reagieren.

Vom rechten Umgang mit Ärzten

Viel Pionierarbeit wird noch zu leisten sein, bis sich die Medizin auf breiter Front das Wissen um die langwelligen Rhythmen der Natur wieder zunutze machen kann. Diese Arbeit wird nicht so sehr im Forschen und Entdecken liegen, denn das Wissen existiert zum großen Teil schon. Vielmehr wird es darum gehen, Widerstände zu überwinden – die eigenen wie die aus der Umwelt. Das erfordert Mut und Geduld.

Natürlich ist es allein schon organisatorisch unmöglich, etwa Operationstermine nur noch auf den günstigsten Zeitpunkt zu legen. Doch in vielen Fällen – etwa bei schweren Operationen, bei unerklärlichen Mißerfolgen, zur Vermeidung starker Narben etc. – könnte man sich mühelos nach dem günstigsten Termin richten. Gerade in solchen Fällen könnten die Ärzte einmal die Regeln anwenden. Hilfreich für Ärzte ist sicherlich auch ein Nachprüfen des Datums schon durchgeführter Behandlungen und Operationen anhand der eigenen Patientenkartei – eine der besten Methoden, die Gültigkeit der Regeln bestätigt zu finden.

Einige Pioniere gibt es schon, Ärzte und Heilpraktiker, die durchaus bereit sind, diese zu beachten und deren Erfahrungen sie immun gegen jede Art von Widerstand gemacht haben. Die nicht mehr überrascht sind, wenn man sie etwa darum bittet, eine Blutuntersuchung zu einem bestimmten Termin machen zu lassen oder Termine zu verschieben. Noch sind sie die Ausnahme, aber es ist ein vielversprechender Anfang.

Was also tun, wenn Sie selbst aufgrund eigener Erfahrung nach und nach Vertrauen zu diesen Regeln gewonnen haben, ihr Arzt aber von den Rhythmen noch nichts weiß und einen zeitlich ungünstigen Eingriff vornehmen möchte oder sonstwelche Maßnahmen, die ungünstig liegen? Wieder kommt es auf Ihr Gefühl an.

Wenn Sie spüren, daß Ihr Arzt ein offenes Ohr für die Gründe einer Terminverschiebung hat, dann könnten Sie ihm einfach den Satz des Hippokrates vorlesen – »Berühre nicht mit Eisen jenen Teil des Körpers, der von dem Zeichen regiert wird, das der Mond gerade durchquert« – oder auf den Abschnitt im Buch verweisen, der in Ihrem Fall zutrifft. Solche Ärzte sind in der Mehrzahl, das Risiko ist also durchaus vertretbar. Sollte er dennoch eine Verschiebung ablehnen, ist das noch lange kein Grund, sich einen anderen Arzt zu suchen. Bitten Sie ihn um eine genaue Begründung seiner Ablehnung, und entscheiden Sie erst dann selbst. ›Schwierigkeiten‹ bei der Termingestaltung sollten Sie allerdings als Grund nicht sofort akzeptieren. Sie sind oft nur ein Vorwand, um sich mit den Rhythmen der Natur nicht eingehender befassen zu müssen.

Wenn sie allerdings ganz sicher sind, daß Ihr Arzt kaum Verständnis für die wahren Gründe Ihres Wunsches nach einer Terminverlegung aufbringen wird – auch das gibt es leider –, dann sind wohlerfundene, plausible Ausreden gar keine so schlechte Idee. Ein schlechtes Gewissen ist dabei überflüssig, schließlich geht es um ein sehr wertvolles Gut, nämlich Ihre Gesundheit. Halten Sie sich vor Augen: Ein Arzt kann Ihnen immer nur helfen, sich selbst zu helfen. Tief in Ihrem Inneren wissen Sie selbst am besten, was für Sie gut ist, und was nicht. Sie kennen oft sogar die Ursache Ihrer Beschwerden genau, weil wir meistens ernten, was wir selbst gesät haben. Viele von uns haben sich nur dazu verführen lassen, wegzuschauen, oder sind einfach zu bequem und legen alle Verantwortung für die eigene Krankheit in die Hände des Arztes. Mit einer solchen Einstellung ist jeder Arzt überfordert. Er wird Ihnen dann nicht wirklich, bestenfalls kurzfristig helfen können.

III

Die Mondrhythmen in Garten und Natur

Ein Mensch kommt zart und nachgiebig zur Welt.
Bei seinem Tod ist er hart und starr.
Grüne Pflanzen sind weich und voller Lebenssaft.
Bei ihrem Tod sind sie verdorrt und trocken.
Daher ist das Starre und Unbeugsame der Schüler des Todes.
Das Weiche und Nachgiebige ist der Schüler des Lebens.
So gewinnt eine Armee ohne Flexibilität niemals eine Schlacht.
Ein Baum, der unbiegsam ist, wird leicht gebrochen.
Das Harte und Starke wird vergehen.
Das Weiche und Schwache wird fortdauern.

LAO TSE

Viele Gründe sprechen dafür, im Garten, in der Land- und Forstwirtschaft wieder zur Beachtung von Mondalter und Mondstand im Tierkreis zurückzukehren. Zu den wesentlichsten zählt, daß wir mit Hilfe der Mondrhythmen von der *übertriebenen* Anwendung chemischer Pestizide, Insektizide und Düngemittel abrücken und wieder zu einem natürlichen und dynamischen Gleichgewicht in der Natur zurückfinden können. Gartenbau und Landwirtschaft der Zukunft werden keine andere Wahl haben, weil man die Natur nicht unbegrenzt ausbeuten kann. Warum also nicht jetzt damit beginnen?

»Vor kurzem flog ich von Hamburg nach München, bei schönstem Wetter mit Fensterplatz. Ich konnte meinen Blick nicht vom Erdboden wenden zehn Kilometer unter mir. Nicht ein Fleckchen, so schien es mir, das nicht genutzt, kultiviert, bebaut, von Straßen durchfurcht war. Und wenn ich ein größeres, zusammenhängendes Waldstück sah, dann bohrte sich ganz gewiß ein Kieswerk oder ein anderes Gebäude genau in seine Mitte. Mein Gedanke war: Wie schön wäre es, wenn wir wieder lernen könnten, mit der Natur so umzugehen, daß dieser Anblick nur noch gute Gefühle weckt.«

Vermutlich wird ein ungespritzter und in Harmonie mit den Rhythmen der Natur gezogener Apfel heute noch keinen Preis bei einer Landwirtschaftsausstellung gewinnen. Doch die ›Optik‹ ist in fast jeder Hinsicht eine Frage des modischen Geschmacks und damit eine vorübergehende Zeiterscheinung. Ein altes Sprichwort sagt: »Viele Menschen leiden Hunger, weil ihnen die Farbe des Tellers nicht gefällt, auf dem das Essen kommt.« Ein wilder Apfel ist vielleicht nicht ›schön‹, aber er enthält hundertmal mehr Leben und Kraft als jeder unter einer Wachsschicht vergrabene, ›zwangsgereifte‹ Plantagenapfel.

In unserer Zeit ist ›gesund‹ oftmals gleichbedeutend mit ›steril, keimfrei‹. Wie soll unser Immunsystem die Abwehrkraft entwickeln, wenn ihm alle Arbeit abgenommen wird, wenn ihm die notwendige Abhärtung versagt wird? Das gilt genauso für die Pflanzen (Gemüse, Getreide, Früchte) und ihre Lebenskraft, die wir für uns nutzen wollen.

So viele Verdauungsstörungen unserer Tage und in ihrem Gefolge viele andere Krankheiten sind auf diese ›gesunde‹ Nahrung und auf innerlich tote Lebensmittel zurückzuführen. Keimfreie Nahrung ist sterile, unfruchtbare Nahrung. Bei manchen Krankheiten ist sie sicher angebracht, aber einem gesunden Menschen ebnet sie den Weg zur Krankheit.

Mit völlig unabsehbaren Folgen für den gesamten Kreislauf der Natur werden heute Millionen für Forschung in Zucht und Gentechnik ausgegeben, um Pflanzen so zu verändern, daß sie auf Befehl tun, was sie bei der Wahl des richtigen Pflanz-, Pflege- und Erntezeitpunkts ohnehin tun würden.

Die Situation erinnert an die ›guten Absichten‹ der Ernährungswissenschaft der Jahrhundertwende: Sie hatte beobachtet, daß bestimmte Stoffe in der Nahrung den Körper betreten und unverändert wieder ausgeschieden werden. »Also sind sie überflüssig«, lautete das Urteil, nannte die Stoffe ›Ballaststoffe‹ – totes Gewicht – und begann, Lebensmittel von ihnen zu befreien und ›Fertignahrung‹ herzustellen. Die Folgen sind bekannt.

DER BRIEFPAPAGEI

Ein Mann kreuzte einst eine Brieftaube mit einem Papagei, damit ihre Nachkommenschaft die Botschaft sprechen konnte, statt ein Stück Papier tragen zu müssen.

Aber der Vogel, der das Ergebnis dieses Experiments war, brauchte Stunden für einen Flug, der normalerweise Minuten gedauert hätte.

»Was hat dich aufgehalten?« fragte der Mann.

»Nun, es war so ein schöner Tag«, sagte der Vogel, »da bin ich einfach zu Fuß gegangen.«

Wissenschaft und Technik haben uns die Überzeugung gewinnen lassen, daß so gut wie alle Probleme mit ihrer Hilfe zu lösen sind, auch jene, die wir ohne sie gar nicht hätten. So groß waren die Erfolge: Erträge stiegen, Schädlinge verschwanden, unbegrenzte Möglichkeiten schienen sich aufzutun. Erst nach und nach mußte man erkennen, daß Ausbeutung nicht der Weisheit letzter Schluß ist. Dieses Buch soll auch dazu beitragen, der Weisheit und Vernunft im eigenen Garten, in Landwirtschaft und Natur wieder zum Recht zu verhelfen.

Es geht nicht darum, über Chemie und Nahrungsmittelindustrie, über Gifte und Chemikalien zu schimpfen, denn diese Industrien erfüllen in unserem Leben viele gute Zwecke. Wo allerdings der einzelne der Chemie vertraut und ihre Produkte anwendet, bleibt ihm ganz allein überlassen. Der Satz: »Was kann der einzelne schon ausrichten?« ist nur eine Entschuldigung für Untätigkeit oder Resignation. Ein einziger Mensch mit gutem Willen und guten Gedanken kann ein ganzes Stadtviertel mit Inspiration, Lebensmut und Kraft versorgen, selbst wenn er öffentlich nicht in Erscheinung tritt (oft sogar genau deshalb).

Wenn Sie zu den Menschen gehören, die wenigstens das eigene Obst, Gemüse und Getreide nicht vergiften wollen, dann finden Sie auf den folgenden Seiten viele Anregungen, die Ihnen den Verzicht auf diese Stoffe leicht machen. Daß Garten- und Landbau ohne Verwendung von Giften und ohne den Unsinn ›gentechnischer‹ Manipulationen bei höheren, gleichen oder nur wenig geringeren Erträgen und viel höherer Qualität der Erntefrüchte möglich ist, wissen heute viele Menschen – auch die, die es angeht.

So viele Beweise gibt es: Früchte, die nur die Kraft der Sonne in sich tragen, die sie färbte, Getreide, das schmecken läßt, was Einklang zwischen Himmel und Erde bedeutet, Gemüse, das diese Harmonie in unseren Körper trägt, Erde, die uns bereitwillig jahrhundertelang diese Geschenke machte, ohne Dünger und Gifte.

Vielleicht kommen Ihnen eigene Erfahrungen zu Hilfe. Fast jeder, der mit Garten und Natur zu tun hat, hat schon

Dinge erlebt, die bei genauem Hinsehen eigentlich nicht erklärlich sind: Zu verschiedenen Zeiten wird unter völlig gleichen Bedingungen gesät, gepflanzt, gewässert, umgesetzt, gedüngt, geerntet und gelagert – mit ganz unterschiedlichen Resultaten. Einmal ›kopft‹ der Salat schön, einmal ›schießt‹ er, bildet Blüten und Samen und wird unbrauchbar. Einmal erntet man die schönsten Rüben, während der Nachbar bei gleichem Saatgut, gleichen Wetterbedingungen und gleichem Boden mit seinem Ergebnis nicht zufrieden ist. Dann wieder wird die eigene Ernte von Schädlingen attackiert, während der Nachbar unbehelligt bleibt. Oder ein kleiner Streifen am Rande eines Getreidefelds gedeiht viel besser als die übrige Fläche. Manchmal gedeiht der oberirdische Tril von Kartoffeln prächtig, die Früchte selbst bleiben zurück, ein anderes Mal wirkt das Kartoffelkraut kümmerlich, dafür werden die sprichwörtlich ›dicksten Kartoffeln‹ geerntet. Manchmal hält die Kirschmarmelade jahrelang, dann wieder verdirbt der Schimmel schon nach kurzer Zeit die schönsten Früchte, obwohl alles unter den gleichen Bedingungen eingemacht wurde.

Wetter, Saatgut oder Bodenqualität müssen dann oft herhalten, um das Unerklärliche doch noch faßbar zu machen. In vielen Fällen mag das auch stimmen, doch noch viel öfters wurde nur nicht auf den richtigen Zeitpunkt der jeweiligen Arbeit geachtet.

Vielleicht ist Ihnen schon einmal aufgefallen, daß in einem Salat- oder Kohlbeet stets *alle* Pflanzen ›schießen‹ oder *alle* Pflanzen ›kopfen‹? Nie findet man in einem Beet beide Zustände gleichzeitig. Es liegt fast nie am Saatgut, soviel ist sicher.

Einfach aufhören, zu spritzen und zu düngen, und sich nur noch nach den Mondrhythmen zu richten, wird sicherlich nicht den gewünschten Erfolg bringen. Dazu sind unsere Böden viel zu verwöhnt, die Umstellung erfordert Geduld. Schreiten Sie jedoch ruhig zu Taten: Das Wissen, das vor Ihnen die Menschen seit Tausenden von Jahren erprobten und nutzten, wird Sie belohnen. Nichts davon ist ›neu‹, nur hat uns der technische Fortschritt zu der Annahme verführt, wir könnten es uns leisten, dieses wertvolle Gut in den Hintergrund zu drängen oder gar ganz in Vergessenheit sinken zu lassen. Nur Mut: Es kostet nichts, und die Arbeit mit dem Obst, Gemüse und Getreide haben Sie ohnehin. Achten Sie beim Säen, Setzen und Ernten auf die Tierkreiszeichen und auf den Mondstand, dann wird Sie der Erfolg in jeder Hinsicht mit der Zeit angenehm überraschen.

Sie brauchen auch nicht zu verzweifeln, wenn Ihnen Terminkalender oder Wetterbedingungen einen Strich durch die Rechnung machen und das Beachten der ›richtigen‹ Zeiten verhindern: Sie werden feststellen, daß es für jede Arbeit in Garten und Feld mehrere Alternativen gibt – Zeiten, die dafür auch gut oder fast gleich gut geeignet sind. Achten Sie jedoch in jedem Fall darauf, den ungünstigen Zeiten aus dem Weg zu gehen.

Natürlich kann hier nicht jede Pflanze und ihre Eigenheiten besprochen werden, das würde das Ziel verfehlen. Die Prinzipien lassen sich aber leicht auf andere Garten- und Feldarbeiten anwenden.

»Meine Vorstellung, warum ich das Wissen aufschreibe, ist ganz einfach. Sie sollten, wenn Sie Freude daran haben, ein Wissen erhalten, das Sie ein Leben lang begleiten kann, ohne immer wieder in Leitfäden und Ratgebern nachschlagen zu müssen – ein Wissen, das Ihnen in Fleisch und Blut übergeht. Wenn Sie auch nicht wie ich mit diesem Wissen aufgewachsen sind, so haben Sie jetzt Gelegenheit, Erfahrungen zu sammeln, und das hilft mehr als tausend Beispiele in einem Buch. Nach mehreren Versuchen merken Sie schnell, wie einfach alles ist.

Vielleicht hilft Ihnen meine persönliche Einstellung

dazu weiter, warum ein Umdenken vorteilhaft ist. Auch ich genoß die erste Zeit in München in vollen Zügen, und schnell war die Verantwortung dem Natürlichen gegen über vergessen, weil es sowieso ›alles‹ zu kaufen gibt. Die Preise kamen mir so niedrig vor im Vergleich zum Gehalt. Nur zu leicht gewinnt man den Eindruck, daß sich keine körperliche Arbeit mehr lohnt, weil das Obst und Gemüse ›billig‹ ist. Wenn ich aber nach längerer Zeit heimkam und den Salat von zu Hause aß, dann merkte ich ganz genau den köstlichen Unterschied. Aber das war für mich damals noch nicht Grund genug, wieder zum Natürlichen zurückzukehren. Ich mußte schon erst krank werden. Selbst dann versuchte ich erst noch alles andere, bevor mir ganz bewußt wurde: so kann und will ich nicht leben. Ich lernte wieder für meinen Körper selbst die Verantwortung zu übernehmen und begriff, daß ich ein gutes Gemüse nur essen kann, wenn ich die Möglichkeit habe, an gesundes Gemüse heranzukommen. Der Kreislauf hat sich wieder geschlossen, und die Jahre des unvernünftigen Denkens nahm ich als Lernprozeß an. Es bedarf also alles einer Erfahrung und Aufklärung. Deshalb ist es auch für einen Stadtbewohner keine Schwierigkeit, nach einer gewissen Beobachtung festzustellen, daß ein kurzfristiger Erfolg kein Erfolg ist. Wir müssen unbedingt wieder lernen, Verantwortung zu übernehmen und uns nicht aus Bequemlichkeit blenden zu lassen.«

Die folgende Tabelle faßt noch einmal die wichtigsten Impulseigenschaften der Sternzeichen bei allen Arbeiten in Garten, Landwirtschaft und Natur zusammen – die Wirkung auf die unterschiedlichen Pflanzenteile, die Tagesqualität (siehe Kap. V) und die auf- oder absteigende Kraft, die dem Zeichen innewohnt.

Die Impulseigenschaften der Sternzeichen

Zeichen	*Symbol*	*Pflanzenteil*	*Element*	*Tages-*	*Abst./ Aufst.*
Widder	♈	Frucht	Feuer	Wärmetag	◡
Stier	♉	Wurzel	Erde	Kältetag	◡
Zwillinge	♊	Blüte	Luft	Luft/Lichttag	◠
Krebs	♋	Blatt	Wasser	Wassertag	◠
Löwe	♌	Frucht	Feuer	Wärmetag	◠
Jungfrau	♍	Wurzel	Erde	Kältetag	◠
Waage	♎	Blüte	Luft	Luft/Lichttag	◠
Skorpion	♏	Blatt	Wasser	Wassertag	◠
Schütze	♐	Frucht	Feuer	Wärmetag	◡
Steinbock	♑	Wurzel	Erde	Kältetag	◡
Wasser-	♒	Blüte	Luft	Luft/Lichttag	◡
Fische	♓	Blatt	Wasser	Wassertag	◡

◡ = Aufsteigender Mond

◠ = Absteigender Mond

Jedes Tierkreiszeichen wirkt mit seinen Impulsen auf einen anderen Teil einer Pflanze – auf Wurzeln, Blätter, Früchte oder Blüten. Mit Hilfe der Tabelle und des Jahreskalenders auf den Seiten 225–233 können Sie die Hinweise der folgenden Kapitel richtig deuten und die Arbeit im Garten den Rhythmen anpassen. Mit der Berücksichtigung der günstigsten Zeiten für die jeweilige Arbeit in Garten und Feld gehen Sie vielen negativen Einflüssen aus dem Weg, und das gute Gelingen wird zur Quelle der Freude.

Säen, Setzen und Pflanzen

Meist beginnt die Hauptarbeit in Garten und Feld im Frühling mit dem Umgraben und anschließend mit dem Setzen, Säen und Pflanzen. Der richtige Zeitpunkt dieser Arbeiten ist von großer Bedeutung für Wachstum und Reifeprozeß der Pflanzen und ihre Widerstandskraft gegen Unkraut und Schädlinge.

In Kapitel II war die Rede davon, wie sehr die unterschiedlichen Impulse von zunehmendem und abnehmendem Mond, Voll- und Neumond und Mondstand im Tierkreis unseren Körper und die Gesundheit beeinflussen. Im Pflanzenreich spielen darüber hinaus noch die unterschiedlichen Kräfte von *absteigendem* und *aufsteigendem* Mond eine Rolle und können in mancher Weise genutzt werden – oft als Alternative, wenn die günstigste Zeit für eine bestimmte Arbeit in Garten und Feld ›ins Wasser‹ fallen muß.

Auf- und absteigender Mond sind Bezeichnungen, die sich ausschließlich auf den Stand des Mondes im Tierkreis beziehen, sie sind unabhängig von den Mondphasen. Eine wichtige Zeit für viele Pflanz- und Setzarbeiten ist die etwa dreizehntägige *Zeit des absteigenden Mondes.*

Absteigender Mond: *Zwillinge, Krebs, Löwe, Jungfrau, Waage, Skorpion (Schütze).*

Aufsteigender Mond: *Schütze, Steinbock, Wassermann, Fische Widder, Stier (Zwillinge).*

Zwillinge und *Schütze* bilden Knotenpunkte, bei denen die auf- und absteigenden Kräfte jeweils die Richtung wechseln – ähnlich wie sich bei Voll- und Neumond die Kräfte neu orientieren. Zwillinge und Schütze lassen sich daher manchmal nicht so genau auf ab- oder aufsteigend festlegen.

Wenn also auf den folgenden Seiten öfters die Rede vom absteigenden Mond die Rede ist, vergessen Sie nicht, daß er nichts mit dem abnehmenden Mond zu tun hat. Wenn Sie sich jedoch die Kalender im Anhang genau anschauen, werden Sie feststellen, daß sich die beiden Rhythmen überschneiden und gegenseitig beeinflussen können.

Die Wahl der Mondphase

Unser Körper ist bei *ab*nehmendem Mond auf Hergeben, Energieausgabe, Aktivität gepolt, bei *zu*nehmendem Mond auf Einatmen, Planen, Schonen, Kräfte sammeln. Mit der Erde verhält es sich genau umgekehrt:

Bei abnehmendem Mond ziehen die Säfte mehr zur Wurzel, die Erde ist aufnahmefähig, sie atmet ein, bei zunehmendem Mond dagegen steigen die Säfte mehr, das oberirdische Wachstum, das Ausatmen herrscht vor.

Dieser ›gegenläufige‹ Rhythmus bildet das Fundament vieler Regeln in der Garten- und Feldarbeit. Bevor wir jedoch zu den Regeln für das Säen, Setzen und Pflanzen kommen, ist es sicherlich nützlich, einen kurzen Hinweis zum *Umgraben* eines neuangelegten Gartenbeets im Frühling zu geben, eine Arbeit, die ja immer der Pflanzarbeit vorausgeht.

Graben Sie im Frühling jedes Beet dreimal um. Zum ersten Mal bei Löwe im zunehmenden Mond, dann bei Steinbock im abnehmenden Mond, und schließlich ein drittes Mal – wieder am besten im abnehmenden Mond. Der Termin für das dritte Mal ist aber dann nicht mehr so wichtig.

Das Tierkreiszeichen Löwe kommt im Frühling passenderweise stets im zunehmenden, Steinbock immer im abnehmenden Mond vor. Warum diese Regel so gut funktioniert, wird später noch ausführlich erklärt, jetzt nur soviel: Jäten und Umgraben bei zunehmendem Mond im Löwen bringt jeden Unkrautsamen, der sich im Boden verbirgt, auf Trab, alles schießt und keimt. Dieselbe Arbeit bei abnehmendem Mond im Steinbock sorgt dafür, daß das Unkraut verschwindet und fast nichts wiederkommt, weil keine Samen mehr im Boden sind. Wenn Sie sich an diese Regel für das Umgraben halten, haben Sie beste Voraussetzungen geschaffen, um auch aus den folgenden Hinweisen Gewinn zu ziehen.

Die Grundregel beim *Pflanzen, Setzen und Säen* lautet:

Oberirdisch wachsende und gedeihende Pflanzen und Gemüse sollten bei zunehmendem oder alternativ bei absteigendem Mond gesetzt oder gesät werden.

Gemüse, das unter der Erde wächst, gedeiht gut, wenn auf den abnehmenden Mond als Sä- oder Pflanztag geachtet wird.

Wenn das zeitlich nicht möglich ist, kann man auch alternativ einen Termin im absteigenden Mond wählen.

Mit Hilfe der beiliegenden Kalender ist es keine Schwierigkeit, diese Mondphasen auszusuchen und gleichzeitig auf die Sternzeichen zu achten.

Die Wahl des Sternzeichens

Was die Wahl des richtigen Sternzeichens betrifft, kommt es darauf an, welchen Wunsch Sie an eine Pflanze richten, welcher Pflanzenteil die besten Entwicklungschancen erhalten soll.

- Tomaten zum Beispiel sind *Früchte,* nicht Blätter, Wurzeln oder Blüten. Also wählen Sie für das Setzen und Säen von Tomaten einen Fruchttag – Widder, Löwe, Schütze.

- *Blattgemüse* (Spinat, Lauch etc.) wird am besten gesetzt und gesät, wenn ein Blattag im Kalender steht – Krebs, Skorpion, Fische. Beim Setzen und Säen von Kopfsalat sollte jedoch zusätzlich immer abnehmender Mond herrschen.

- Das gleiche Prinzip gilt auch für *Wurzelgemüse,* beispielsweise Sellerie, Karotten, Zwiebeln und Rettich. Auf schöne Blüten oder ein saftiges, aufschießendes Blattwerk werden Sie hierbei kaum Wert legen. Sie wählen also einen Wurzeltag – Jungfrau, Stier, Steinbock.

Eine Ausnahme bilden *Kartoffeln:* Der abnehmende Mond ist zwar der richtige Zeitpunkt zum Setzen, aber nicht zu nahe an Neumond, sondern kurz nach Vollmond.

- Für *Blumen* und die meisten Heilkräuter ist ein Blütentag gut – Zwillinge, Waage, Wassermann.

Wenn Sie diese Prinzipien grundsätzlich erfaßt haben, ist es nicht mehr schwer, sich einen *Jahresgartenplan* zu machen. Zeitliche und wetterbedingte Gründe machen es natürlich nicht immer möglich, den richtigen Tag zu treffen. Doch darauf zu achten, daß nicht gerade alle Einflüsse negativ wirken, ist einfach – es bleibt genügend Spielraum, wie Sie noch sehen werden.

Andererseits wird Fanatismus und übergenaues Befolgen der Hinweise, die hier gegeben werden, keine guten Ergebnisse bringen. ›Zuviel des Guten‹ ist nur ein anderes Wort für ›schlecht‹. Wer die Natur zum Lehrmeister hat, weiß, daß es Hundertprozentigkeit und Perfektion nicht gibt. Es wäre weise, einen gewissen naturgemäßen Bedarf an Verlust von vorneherein einzukalkulieren, besonders wenn man es mit ›Ernteverlusten‹ oder Unkraut und Schädlingen zu tun hat. Schließlich müssen in der Lebensgemeinschaft, in der wir leben, alle etwas abbekommen. Nicht jeder Schädling im Garten richtet Schaden an, nicht jedes Unkraut ist ein Un-Kraut.

Gießen und Bewässern

Zum Thema Wässern und Gießen ein vielleicht etwas provozierend klingender Ratschlag, zumindest in den Ohren so manchen ›passionierten Gartlers‹: Es genügt völlig, wenn das Saat- und Setzgut zu Anfang gut angegossen wird. Sollte gerade eine Trockenperiode herrschen, kann man auch noch ein paar Tage länger wässern, doch dann sollte unbedingt Schluß sein. *Zusätzliches Gießen ist in unseren Breiten völlig sinnlos.*

Viele Garten- und Feldböden werden heute in regelmäßigen Abständen bewässert, ohne Rücksicht auf die natürlichen Gegebenheiten. Das verwöhnt die Erde, macht alle Pflanzen faul und träge, die Wurzeln wachsen flach, nicht mehr in die Tiefe, Dünger wird fortgeschwemmt, die Qualität der Erntefrüchte ist leblos. Im natürlichen Rhythmus von Regen und Trockenheit wird die Erde und die Pflanze ›wach‹, reckt und streckt sich, beginnt zu atmen. Sie weiß, daß jeder Tropfen zählt, holt sich, was sie braucht. Die innere Kraft einer solchen Pflanze ist eine andere, und die ihrer Früchte ebenso.

Es wäre allerdings ein Fehler, im Vertrauen auf die Natur und diese Ratschläge sogleich mit der zusätzlichen Bewässerung aufzuhören. Der Boden muß sich langsam an das Natürliche zurückgewöhnen. Wie ein Muskel, der durch Nichtgebrauch schlaff geworden ist: Zuerst kommt das Training, dann der Muskelkater, dann die Kraft – in dieser Reihenfolge.

Zimmerpflanzen und *Balkonpflanzen* dagegen müssen gegossen werden, jedoch auch nicht so oft, wie das häufig geschieht. Zimmerpflanzen sollte man vorzugsweise an Blattagen gießen (Krebs, Skorpion, Fische), am besten mit kalkfreiem Regenwasser oder abgestandenem Wasser. Vielleicht werden Sie sich über diesen Rat wundern, ja ihn sogar für ›grausam‹ halten, denn Blattage tauchen ja nur in Abständen von sechs bis acht Tagen auf. Dennoch: Nur an diesen Tagen zu gießen, reicht völlig aus (mit Ausnahme mancher exotischer Pflanzen). Pflanzen mit hohem Wasserbedarf gießen Sie einfach mehrmals täglich, evtl. an allen zwei oder drei Blattagen.

»Selbst wenn ich eine zweiwöchige Reise unternehme, muß bei mir niemand zum Gießen meiner Zimmerpflanzen vorbeikommen. Wenn ich sie zum letzten Mal an einem Blattag ausgiebig gieße, eventuell so, daß im Unterteller noch Wasser steht, halten das alle meine Pflanzen durch.

Gewöhnen Sie Ihre Pflanzen langsam und nicht radikal an den neuen Rhythmus. Ausnahmen sind manche sehr durstige Zimmerpflanzen und Gartenpflanzen, wie etwa Tomaten, die ein häufigeres Gießen brauchen.«

Verzichten Sie zumindest an *Blütentagen* auf das Gießen. Auf an Blütentagen (Zwillinge, Waage, Wassermann) gewässerten Pflanzen machen sich oft Schädlinge breit, besonders gerne die Läuse. Zimmerpflanzen gutgemeint ins Freie zu stellen, um sie dem Regen auszusetzen, kann sich ebenfalls ungünstig auswirken, weil die Blätter das direkte Befeuchten oft nicht vertragen.

Fruchtfolge und Pflanzengemeinschaften

Im Gemüseanbau ist die *Fruchtfolge,* das Abwechseln der angebauten Pflanzenarten, und die *Wahl der Pflanzennachbarschaft* von besonderer Bedeutung. Für Gärtner ist das selbstverständlich, Informationen darüber sind in vielen Gartenbüchern enthalten – Pflanzen, die sich gegenseitig fördern und vor Schädlingen schützen, ungünstige Pflanzengemeinschaften und vieles mehr. ›Anfänger‹ sollen hier dennoch einige Anregungen erhalten.

Besonders günstig ist eine Fruchtfolge, bei der im jährlichen Wechsel oberirdische und unterirdische Gemüse und Feldfrüchte angebaut werden. Im Beet selbst achten biologische Gärtner darauf, flach wurzelnde Pflanzen neben Tiefwurzler zu setzen. Da die Erntezeiten verschieden sind, hat das Gemüse mit der längsten Reifezeit zum Schluß am meisten Platz, weil die anderen Gemüse inzwischen abgeerntet wurden.

Besonders günstige Pflanzengemeinschaften

Karotten neben Zwiebeln
Tomaten neben Zwiebeln
Tomaten neben Petersilie
Salat neben Radieschen
Erbsen neben Sellerie
Kartoffeln neben Kohlarten

Günstige Gemeinschaften

Gurken vertragen sich mit:
Zwiebeln, Stangenbohnen, Sellerie, Roten Rüben, Petersilie, Kopfsalat, Kohlrabi, Kohlarten, Buschbohnen

Kartoffeln vertragen sich mit:
Spinat, Buschbohnen, Kohlrabi, Dill

Sellerie verträgt sich mit:
Buschbohnen, Spinat, Zwiebeln, Stangenbohnen, Tomaten, Lauch, Kohlrabi, Kohlarten, Gurken

Petersilie verträgt sich mit:
Tomaten, Zwiebeln, Radieschen, Gurken

Tomaten vertragen sich mit:
Sellerie, Spinat, Zwiebeln, Petersilie, Kohlarten, Kohlrabi, Kopfsalat, Lauch, Buschbohnen, Karotten

Spinat verträgt sich mit:
Tomaten, Stangenbohnen, Erdbeeren, Kohlrabi, Karotten, Kartoffeln, Kohlarten

Kopfsalat verträgt sich mit:
Zwiebeln, Tomaten, Stangenbohnen, Buschbohnen, Radieschen, Rettich, Dill, Erbsen, Gurken, Erdbeeren, Karotten, Kohlarten, Lauch

Zwiebeln vertragen sich mit:
Tomaten, Erdbeeren, Gurken, Petersilie, Kopfsalat, Kohlrabi

Erdbeeren vertragen sich mit:
Karotten, Lauch, Kohlarten, Rettich, Radieschen, Kopfsalat, Spinat, Zwiebeln

Besonders ungünstige Gemeinschaften

Bohnen neben Zwiebeln	Petersilie neben Kopfsalat
Kohl neben Zwiebeln	Rote Rüben neben Tomaten
Kartoffeln neben Zwiebeln	Tomaten neben Erbsen
Blaukraut neben Tomaten	Erbsen neben Bohnen

Umsetzen, Umtopfen und Stecklinge

Vielleicht hat Sie nun die Liste der guten Pflanzengemeinschaften inspiriert, die eine oder andere Pflanze im Garten einzusetzen. Auch für diese Arbeit gibt es den ›richtigen Zeitpunkt‹.

Das Umsetzen einer Pflanze sollten bei zunehmendem Mond geschehen, alternativ bei absteigendem Mond (Zwillinge bis Schütze).

Pflanzen, die in dieser Zeit an einen anderen Ort gesetzt oder umgetopft werden, bilden schnell neue Wurzeln und wachsen wunderbar an. Gerade bei älteren Pflanzen und vor allem bei alten Bäumen ist es wichtig, auf den Zeitpunkt des Verpflanzens zu achten. »Einen alten Baum verpflanzt man nicht«, sagt ein altes Sprichwort. Zumindest, was echte Bäume betrifft, stimmt es nicht: Wenn Sie die Zeit des *absteigenden* Mondes nutzen, am besten die *Jungfrautage,* dann wird auch eine ältere Pflanze und ein alter Baum wieder anwachsen. Allerdings sollte auch die Jahreszeit beachtet werden: Daß das Verpflanzen im Frühjahr oder Herbst geschehen soll, versteht sich hoffentlich von selbst.

Auch für Stecklinge ist die Zeit des zunehmenden und absteigenden Mondes gut geeignet. Sie wachsen rasch an und bilden in kurzer Zeit neue Feinwurzeln. Die Jungfrautage eignen sich wieder am besten. Im Herbst jedoch sollten Sie bei Stecklingen auf den abnehmenden Mond achten.

Unkraut- und Schädlingsbekämpfung

Zu diesem so wichtigen Thema zwei kurze Informationen, um Ihnen die ganze Tragweite des Problems vor Augen zu führen (beide aus der Süddeutschen Zeitung vom 25. 4. 1991):

»Ein Kilogramm Atrazin, ein in unglaublichen Mengen versprühtes Pflanzengift (inzwischen verboten, doch auch die Ersatzstoffe werden sich nicht unbedingt als Soße für die Kartoffelpuffer eignen), kostet im Handel DM 60,–. Dieselbe Menge Atrazin aus unserem Grundwasser zu entfernen, erfordert 1000 Kilogramm Aktivkohle im Wert von DM 10 000,–, nicht gerechnet die Kosten für die Entsorgung der verseuchten Aktivkohle, die ja auch unschädlich gemacht werden muß.«

»Im Jahre 1940 verwendeten die Bauern nur wenig Insektenvertilgungsmittel. Damals zerstörten Schädlinge etwa 3,5 Prozent der Ernte. Heute wird die tausendfache Menge Insektenvertilgungsmittel versprüht. Man möchte annehmen, daß diese Menge ausreicht, auch dem letzten Kohlweißling den Garaus zu machen. Weit gefehlt: Die Ernteverluste stiegen um fast das Vierfache auf heute 12 Prozent.«

Müßte jeder Hersteller solcher Zeitbomben der Natur auch die Kosten für die Reinigung der Umwelt von seinem Gift tragen, sähe die Welt anders aus. Das alte Wissen um die Naturrhythmen wäre nicht verlorengegangen, weil weiterhin die Notwendigkeit zu seiner Anwendung verspürt worden wäre. Die folgenden Hinweise zur Vorbeugung und Beseitigung von Schädlingen und Unkraut kosten Sie nichts – außer etwas Geduld.

Es wurde schon angesprochen: Viele als ›Unkraut‹ bezeichnete Pflanzen – Löwenzahn, Brennesseln, Gänseblümchen, Schöllkraut und viele mehr – sind fast in allen ihren Teilen wertvollste Heilkräuter gegen die verschiedensten Gebrechen. Gleichzeitig tragen sie beim Verrotten mit ihren großen Kräften dazu bei, das biologische Gleichgewicht eines erschöpften Bodens wiederherzustellen.

Genauso sind Schädlinge vielfach auch *Nützlinge*. Vielleicht nicht für uns, wenn wir den Ernteertrag oder die ›Schönheit‹ der Erntefrucht zum Maßstab aller Dinge machen, aber für eine Vielzahl von Tieren, von Vögeln, Käfern, Raupen, Nagetieren und vielem anderen Getier, das da kreucht und fleucht. Jedes dieser Tiere ist Glied einer endlosen Kette, einer sich langsam in die Zukunft drehenden Spirale, der wir die Namen ›Natur‹ und ›Evolution‹ gegeben haben. Gewiß, die Natur kann auf die eine oder andere Pflanzen- und Tierart verzichten, so wie sie es in der Vergangenheit schon mehrfach getan hat und sie aussterben ließ. Wir Menschen können es nicht. Mit jeder ausgerotteten Tier- und Pflanzenart stirbt ein Stück von uns selbst, von jedem einzelnen. Solange, bis die Natur auf uns verzichtet.

Trotz allem: So mancher ›Gartenliebhaber‹ gerät beim Anblick eines Löwenzahns in Panik, rennt in den Schuppen und kramt die chemische Keule hervor. Diese Einstellung hat dazu beigetragen, daß die Erde von Privat- und Schrebergärten um ein Vielfaches vergifteter ist als landwirtschaftlich genutzter Boden, selbst beim Anbau von Monokulturen. Von den 30000 Tonnen Pestiziden in 1724 verschiedenen Produkten mit 295 giftigen Inhaltsstoffen, die alljährlich auf deutscher Erde landen (und schließlich in der Erde, im Grundwasser, in unseren Muskeln, der Haut und den Eingeweiden), werden allein 2000 Tonnen an Klein- und Hobbygärtner verkauft – meist um den ›ordentlich gepflegten‹ Rasen zu erhalten.

Wer jedoch die Natur nicht erschlagen, sondern harmonisch mit ihr zusammenarbeiten möchte, sollte sich beim Anblick von Schädlingen zuallererst diese Frage stellen: *Sind es auch wirklich Schädlinge?*

Und wenn Sie die Frage nach der Natur des Schädlings

mit Hilfe von gesundem Menschenverstand, mit Maß und Ziel beantwortet haben und zu dem Ergebnis gekommen sind, daß Sie etwas gegen sie unternehmen wollen, erst dann kommt die zweite Frage an die Reihe: *Was ist die Ursache des Befalls?*

In der Antwort verbirgt sich oft schon die geeignete Maßnahme, um die Plagegeister wieder loszuwerden, zumindest um ihrem Auftreten im nächsten Jahr erfolgreich vorzubeugen. Sicherlich gibt es viele mögliche Gründe für einen Massenbefall durch Schädlinge, und es ist bestimmt nicht leicht, die genaue Ursache festzustellen.

- *Habe ich einen Fehler bei Anbau und Pflege gemacht?*
- *Habe ich unter Umständen nicht den geeigneten Boden gewählt?*

Schon die Antwort auf diese beiden Fragen kann sehr viel weiterhelfen.

Vorbeugen ist die beste Medizin

Wie vorher schon beschrieben, ist die *Fruchtfolge* eine gute vorbeugende Maßnahme gegen massenhaften Schädlingsbefall. Oberirdisch wachsende Gemüse sollten unterirdisch wachsenden folgen und umgekehrt.

An der Tabelle zu Anfang dieses Kapitels können Sie ablesen, daß jedes Sternzeichen auf einen bestimmten Pflanzenteil wirkt (Widder – Frucht, Stier – Wurzel, usw.). Pflegen oder gießen Sie etwa ein Gemüsebeet wiederholt unter ungünstigen Einflüssen, bestellen Sie den Nährboden für unnötiges Ungeziefer.

Schon im häuslichen Bereich, etwa bei Zimmer- und Balkonpflanzen können Sie feststellen, daß die Pflanzen Läuse bekommen, wenn Sie oft an Blütentagen gegossen werden. Zimmerpflanzen erhalten ihr Wasser am besten an Blattagen (Krebs, Skorpion, Fische).

Die beste Vorbeugung gegen massenhaftes Auftreten von Schädlingen ist das Setzen und Säen zum richtigen Zeitpunkt, unter Berücksichtigung der Einflüsse von Blatt-, Frucht-, Blüten- und Wurzeltagen auf die Blumen und Pflanzen.

Frucht – Widder, Löwe, Schütze
Blüte – Zwillinge, Waage, Wassermann
Wurzel – Stier, Jungfrau, Steinbock
Blatt – Krebs, Skorpion, Fische

Das Wetter macht manchmal einen Strich durch diese Rechnung, doch zumindest sollte das Pflanzen, Säen und Pflegen nicht gerade an einem sehr ungünstigen Tag erfolgen.

Bekämpfung von Schädlingen

Jeder Bauer und Gärtner weiß es: Die richtige Pflanzengemeinschaft trägt viel dazu bei, Schädlinge von vorneherein abzuwehren. Heute nennt man das ›Mischkultur‹. Es ist ein ungeheurer Vorteil, wenn sich Pflanzen gegenseitig helfen können, die Schädlinge in Schach zu halten.

Hier nun ein paar Tips gegen die bekanntesten Schädlinge im Garten. Wenn in der Liste nur Pflanzennamen angegeben werden, ist das Setzen oder Säen dieser Pflanze in Nachbarschaft mit dem befallenen Gewächs gemeint. Achten Sie bitte bei diesen ›Gegenmitteln‹ darauf, alle *Kräuter* bei *zunehmendem Mond* und alle Zwiebelgewächse bei *abnehmendem Mond* zu pflanzen.

Wenn von *Auszügen* die Rede ist, die der direkten Schädlingsbekämpfung dienen, dann verfahren Sie am besten folgendermaßen:

Setzen Sie zwei große Handvoll der jeweiligen Pflanze *vor Vollmond* in 10 Liter kaltem Wasser an; lassen Sie den Auszug 24 Stunden stehen und gießen Sie ihn dann *unverdünnt* in den Wurzelbereich, in die Erde um den Stamm der befallenen Pflanze (nicht auf Stamm, Stiel, Halme, Blätter oder Blüten!).

Bei abnehmendem Mond angesetzt sollten Sie den Auszug doppelt so lange stehen lassen. Werfen Sie den restlichen Auszug nicht weg, verdünnt gibt er noch tagelang einen guten Dünger!

Gegen	*hilft*
Kohlweißlinge	Pfefferminze, Salbei, Tomaten, Thymian, Beifuß
Blattläuse	Marienkäfer, Kapuzinerkresse (besonders unter Obstbäumen), Brennesselauszug
Milben	Himbeeren
Blattwespen	Rainfarn
Erdflöhe	Holunderauszug, Wermut, Pfefferminze, Zwiebeln, Knoblauch, Salat
Ameisen	Lavendel, Feldsalat, Rainfarn, tote Fische vergraben
Mäuse	Knoblauch, Kaiserkrone, Hundszunge, Steinklee
Mehltau	Knoblauch, Schnittlauch, Basilikum
Möhrenfliege	Zwiebeln, Salbei
Pilzkrankheiten	Schnittlauch, Zinnkraut
Schimmel	Zwiebelgewächse
Maulwürfe	bei zunehmendem Mond mit der Egge oder mit der Hand den Hügel öffnen und das Loch freilegen

Sind Pflanz- und Pflegezeiten berücksichtigt worden und treten trotzdem Schädlinge in Massen auf, dann gibt es noch einige Hinweise, wie Sie bei der Bekämpfung den Mondstand für sich arbeiten lassen können.

Mit einigen Ausnahmen kann als Faustregel gelten:

Für alle Maßnahmen zur Ungezieferbekämpfung ist der abnehmende Mond geeignet.

Ungeziefer, das in der Erde haust, geht man am besten an einem Wurzeltag an (Stier, Jungfrau, Steinbock).

Besonders gut wirkt die Bekämpfung oberirdischer Schädlinge, wenn der Mond im Krebs steht, aber auch Zwillinge und Schütze eignen sich gut.

Manchmal hilft nur ein radikaler Rückschnitt. Er sollte unbedingt bei abnehmendem Mond im IV. Viertel oder am allerbesten direkt bei Neumond erfolgen. In den meisten Fällen erholt sich die Pflanze dann wieder.

Vielleicht werden Sie an dieser Stelle eine detaillierte Liste von Hinweisen erwarten, welche Maßnahmen zur *unmittelbaren* Bekämpfung von Schädlingen am besten geeignet sind – wenn also die Pflanze schon befallen ist. Aber zum einen wirken ganz unterschiedliche Mittel bei verschiedenen Pflanzen und Schädlingsarten. Es würde zu weit führen, sie hier alle aufzuzählen, und Patentrezepte gibt es nicht. Zum anderen ist Geduld die beste ›Schädlingsbekämpfung‹.

Dieses Buch könnte mithelfen, daß ein allmähliches Umdenken einkehrt, weg vom ›Schnellwirksamen‹, hin zur Vorbeugung und zum Handeln mit Maß und Ziel und gesundem Hausverstand. Kein *Mittel* kann jemals ein Problem lösen, weder bei Ihrer Topfpflanze noch in Familie, Beruf und Alltag, wenn das Denken und Fühlen, das zu dem Mittel greift, nicht im Einklang mit den Naturgesetzen steht, wenn es nicht von Liebe und Vernunft geleitet wird.

Was Ihre Pflanzen betrifft: Richten Sie sich einfach nach der obigen Liste, und achten Sie im nächsten Jahr auf die richtige Pflanzennachbarschaft, dann werden Sie meist gar nicht in Versuchung kommen, zu Giften zu greifen.

Ein vernünftiges Umgehen mit Schädlingen bedarf in erster Linie einer genauen Beobachtung. Nur wenn man den wahren Grund für einen Befall zulassen und erkennen kann, ist es möglich, richtig zu handeln. Sie brauchen dann die Schädlinge nicht mehr bekämpfen, sondern es wird Ihnen eine Lösung einfallen, die erst gar keine Schädlinge im Übermaß aufkommen lassen. Verschwenden Sie niemals durch Bekämpfen Energie, auch nicht im Garten.

Die *Schneckenbekämpfung* in Garten und Feld bildet eine Ausnahme: Hierfür ist der *zunehmende Mond im Skorpion* die beste Zeit. Die Natur hat es glücklicherweise so eingerichtet, daß der Skorpion meist gerade dann im zunehmenden Mond steht, wenn die Schnecken im Frühjahr zum Angriff blasen.

Sammeln Sie so viele *Eierschalen* wie nur möglich (Schalen gekochter Eier sind ungeeignet). Stampfen Sie sie bei *abnehmendem* Mond klein (bei zunehmendem Mond zerkleinerte Eierschalen werden nicht bröselig und scharfkantig, sondern kleben an der Innenhaut zusammen) und lassen Sie die Schalen bei *zunehmendem* Mond um die Pflanzen und das ganze Beet herum auf den Boden rieseln. Vorher müssen allerdings

die Schnecken, die schon im Beet untergekrochen sind, aufgesammelt werden. Die scharfen Kanten der Schalensplitter sind wirksame Abschreckung für die zarthäutigen Tiere.

Der Mond muß beim Ausstreuen unbedingt zunehmen, weil bei abnehmendem Mond die Schalen mit dem nächsten Regen sonst in den Boden gespült werden. Bei zunehmendem Mond nimmt die Erde nicht soviel Feuchtigkeit auf, feste Stoffe bleiben auf der Oberfläche liegen. Nach einiger Zeit verschwinden die Schalen ohnehin im Boden (mit dem bisweilen nützlichen Effekt, den Boden kalkhaltiger zu machen und Säure zu binden), doch die Gefahr des Schneckenangriffs ist dann meist schon vorüber.

Bei den Schneckeninvasionen der letzten Jahre hat allerdings auch dieses sonst so wirksame Mittel versagt. Da half nur Einsammeln im Regen, wenn die Schnecken herauskamen – kein Grund jedoch, Ihnen diese wertvollen Tips vorzuenthalten. Bei großer Schneckengefahr wiederholen Sie die Maßnahme im nächsten Monat bei Skorpion.

Als weitere gute Schneckenmittel sind geeignet: Holzasche und Sägemehl zum Ausstreuen, Zwiebeln, Knoblauch, Salbei und Kapuzinerkresse als Pflanzengemeinschaft – um nur einige Beispiele zu nennen.

Schnecken sind zudem wahre Leckerbissen für einige ihrer natürlichen Feinde, in erster Linie Kröten und Frösche. Die Tiere fühlen sich aber nur in giftfreien Gärten wohl und können deshalb nicht einfach ausgesetzt werden. Behagt ihnen das Klima, eingeladen etwa von einem kleinen, künstlichen Teich, kommen sie manchmal sogar in der Stadt von selbst. Auf dem Land genügt ihnen ja oft schon eine immerfeuchte Wiese oder ein kleiner Bach.

Wenn Sie Frösche ›künstlich‹ aussetzen wollen, achten Sie auf das Sternzeichen und den Wochentag. Ab- oder zunehmender Mond ist hier nicht so wichtig, doch wenn Ihnen die Wahl bleibt, legen Sie das Aussetzen auf den abnehmenden Mond. Die Wahl des richtigen Tierkreiszeichens ist jedoch von großem Vorteil: Es sollte nicht Krebs, Löwe, Stier oder

Widder sein. Die Frösche fühlen sich dann nicht wohl und verschwinden nach einiger Zeit wieder oder gehen ein. Die übrigen Zeichen sind neutraler und für solche Vorhaben geeigneter. Das Aussetzen sollte auch nicht an Dienstagen und Donnerstagen erfolgen. Diese Tage sind ungeeignet für jegliches Umsetzen von Tieren (etwa nach einem Kauf oder Umzug).

Auch der Igel ist ein natürlicher Feind der Schnecken, er frißt sie in großen Mengen. Ein natürlicher Garten mit herbstlichen Reisighaufen ist für jeden der stacheligen Kameraden eine verlockende Sache. Den Reisighaufen tragen Sie am besten bei *abnehmendem* Mond zusammen, er bleibt dann schön trocken. Das soll nicht heißen, daß Regentropfen einen Umweg um den Haufen nehmen, sondern daß die Igelbehausung darunter trockener bleibt. Auch das zusammengerechte Herbstlaub ist für den Igel wichtig, um den Winter schadlos überstehen zu können. Das Laub sollte ebenfalls bei *abnehmendem* Mond zusammengerecht werden, wobei ein trockenes Zeichen (also nicht Krebs, Skorpion oder Fische) vorzuziehen ist.

Bekämpfung von Unkraut

Jeder Boden leidet, wenn auf ihm Pflanzen in Monokultur angebaut werden, das heißt, wenn immer nur eine Pflanzenart gleichzeitig auf ihm wächst. Das Bakterienleben krankt, die Böden ermüden und vergiften, das tierische und pflanzliche Bodenleben verschlechtert sich, bis allmählich ohne Düngen und Pflanzenschutzmittel keine brauchbare Feldfrucht mehr geerntet werden könnte. Die Bodenermüdung ist dabei nicht nur eine Folge des Mineralstoffmangels, sondern auch bedingt durch Wurzelausscheidungen der angebauten Pflanzen. Hafer zum Beispiel macht den Boden sauer.

Im Zusammenhang mit Begleitpflanzen von Monokulturen (auch als ›Unkräuter‹ bezeichnet) hat man eine erstaunliche Beobachtung gemacht, die in der Vergangenheit auch von einigen Biologen und Landwirtschaftsfachleuten geteilt worden ist: Oft gehen Feldfrucht und Unkraut eine Art Symbiose zur Erhaltung der Bodenqualität ein. Ackersenf und Hederich etwa, die Begleiter des Hafers, entsäuern den Boden und bilden ein Gegengewicht zur säuernden Wirkung des Hafers.

Für die Forschung ist sicherlich interessant: Es gibt Hinweise darauf, daß gesundheitliche Schäden durch einseitige Ernährung mit in Monokultur gepflanztem Getreide oder anderen Kulturpflanzen gerade mit eben jenen ›Unkräutern‹ geheilt werden können, die gemeinsam mit der jeweiligen Feldfrucht auftreten.

Denken Sie an diese Beobachtungen, wenn Sie sich an die Unkrautbekämpfung machen. Vielleicht wird sie sogar zur lohnenden Beschäftigung, wenn Sie etwa Brennesseln sammeln und trocknen, um sich deren große Heilkräfte zunutze zu machen.

Natürlich ist nicht jedes Unkraut ein Heilkraut, und oftmals gibt es doch gute Gründe für den Wunsch, das Kraut möge nach dem Jäten oder Ausreißen niemals wiederkehren, deshalb hier eine Hilfestellung:

Der rechte Zeitpunkt: Für das Jäten und Ausreißen von Unkraut ist der abnehmende Mond die geeignete Zeit, am günstigsten beim Zeichen Steinbock (Januar bis Juli steht der Steinbock im abnehmenden Mond).

Sie sollten jedoch darauf achten, die Nutzpflanzen nicht zu verletzen, weil sie sonst ebenfalls eingehen können.

Zukünftige ›Mondgärtner‹ haben schon den alten Trick erfahren, wie sie die ungünstigste Zeit zur Unkrautbekämpfung, die Löwetage im zunehmendem Mond, zu ihrem Vorteil nutzen können. Bei Löwe schießt und keimt alles Unkraut, wenn es ›berührt‹ wird (siehe Kap. I). Hacken Sie einfach ein neuangelegtes Beet bei Löwe im zunehmenden Mond um. Jeder noch so schwächliche Unkrautsame geht dann auf und kann bei Steinbock im abnehmenden Mond gejätet werden – das Beet präsentiert sich für lange Zeit unkrautfrei.

Im Herbst schließlich sollte man alle Beete bei *abnehmendem* Mond gejätet verlassen. Das ist eine gute Vorbereitung für das kommende Jahr.

Ein besonderer Tag ist der **18. Juni vormittags bis 12 Uhr mittags** (1 Uhr Sommerzeit). Alle Stauden und alles Unkraut, das in diesen wenigen Stunden beseitigt wird, wächst nicht mehr nach, sogar die Wurzeln verfaulen. Sie werden noch von einigen vom Mondstand unabhängigen Regeln wie diesen hören, besonders in Zusammenhang mit dem Holzfällen. Sie sind kaum erklärbar und beweisen sich nur durch sich selbst, durch Ausprobieren.

Pflanzen-, Hecken- und Baumschnitt

Regeln für den Pflanzenrückschnitt

Der Rückschnitt ist eine der heiklen Arbeiten im Garten: Nur allzu oft macht man die Erfahrung, daß gleicher Aufwand und gleiche Sachkenntnis völlig unterschiedliche Resultate zeitigt. Einmal schießt die Pflanze, dann wieder kümmert sie, wächst in die Breite oder stirbt gar ganz ab.

> **Der rechte Zeitpunkt: Der Rückschnitt einer Pflanze sollten bei abnehmendem Mond geschehen, alternativ bei absteigendem Mond (Zwillinge bis Schütze).**

Pflanzen und Bäume nehmen bei abnehmendem Mond geschnitten keinen Schaden, weil der Saft nicht austritt. Sie können nach dem Rückschnitt nicht verbluten, die Säfte steigen ab.

Obstbaumschnitt

Eine wichtige, alljährlich wiederkehrende Arbeit ist das Ausschneiden von Obstbäumen und -sträuchern. Viele Gartenfreunde, aber auch die ›Profis‹ haben damit bisweilen schlechte Erfahrungen gemacht. In manchen Jahren klappt es, in anderen wiederum steckt der Teufel im Detail. Es ist auch kein Wunder, denn für diese Arbeit muß man schon etwas genauer auf den richtigen Zeitpunkt achten.

Der rechte Zeitpunkt zum Ausschneiden von Obstbäumen und -sträuchern ist der abnehmende Mond, am besten ein Fruchttag (Löwe, Schütze, Widder).

Ebenso geeignet ist der *absteigende* Mond (Zwillinge bis Schütze), weil die Baumsäfte in dieser Zeit ebenfalls nicht steigen und an den Schnittstellen nicht auslaufen.

Am ungünstigsten ist der zunehmende Mond und ein Blattag (Krebs, Skorpion, Fische). Der Baum verliert zuviel Saft, die Fruchtbildung wird gehemmt. Die Obstpflanze geht zwar nicht zugrunde, aber der Ernteertrag sinkt oder bleibt gar manchmal ganz aus. Sollte allerdings beim Schnitt gerade der Vollmond auf den Krebs fallen, kann sogar für das Überleben der Pflanze nicht mehr garantiert werden!

Veredeln

Zu den diffizilen Arbeiten im Garten gehört das Veredeln (Okulieren, Pfropfen etc.) von Obstbäumen. Das Veredeln, das Verbinden eines Edelfrüchte oder -blüten tragenden Reises mit einer unedlen, aber wuchskräftigen Basispflanze, verfolgt meist den Zweck, ein gesundes und kraftvolles Wachstum, verbunden mit größerer Widerstandskraft zu erzielen. Meist wagen sich nur gewiefte Gartler an diese Aufgabe. Doch bei Beachtung der folgenden einfachen Regel kann sie jedem gelingen.

Der rechte Zeitpunkt: Das Veredeln von Obsthölzern sollte bei zunehmendem Mond, am besten in der Nähe des Vollmondes und an einem Fruchttag (Widder, Löwe, Schütze) geschehen.

Der Baumsaft steigt schnell in das neue Reis auf und verbindet es besser mit dem Untergrund. An einem Fruchttag ist diese Arbeit am besten aufgehoben. Der Baum wird jedes Jahr Frucht tragen. Sollten Zeitgründe diese Arbeit bei zunehmenden Mond oder Vollmond verhindern, wählen Sie den *aufsteigenden* Mond, ebenfalls am besten an einem *Fruchttag* (Widder).

Auch hier gibt es für die gleiche Arbeit verschiedene Möglichkeiten. Zeitlich ist man also nicht so sehr gebunden, daß das Verpassen eines Termins die Arbeit gleich um ein Jahr aufschiebt. Nicht nur der Naturliebhaber muß auf Wetter und viele andere Unwägbarkeiten Rücksicht nehmen. Wenn schon nicht der günstigste Tag gewählt werden kann, wäre es allerdings gut, nicht alle negativen Einflüsse zugleich auf die Pflanze zu ziehen.

Eine (fast) unfehlbare Medizin für kranke Pflanzen und Bäume

Mancher Leser wird sich noch an den 12. Juli 1984 erinnern: Ein verheerender Hagelschlag suchte München und seine nähere Umgebung heim, der Sachschaden ging in die Milliarden. Noch heute fahren zernarbte Autos in Münchens Straßen, die von der Wucht der hühnereigroßen Hagelkörner künden. Ein ›Spätschaden‹ trat erst Monate danach zutage: Viele Nadelbäume verloren damals ihre Spitzen, ›abgeschossen‹ vom Hagelschlag; sie begannen daraufhin, langsam von oben her zu faulen und gingen schließlich zugrunde. Vielfach erkannte man gar nicht den Zusammenhang und schrieb das Absterben der Bäume dem allgemeinen Waldtöten zu (›Waldsterben‹ ist ein irreführender Ausdruck. Der Wald stirbt nicht von selbst.) Des Rätsels Lösung? Am 12. Juli 1984 herrschte gerade Vollmond. Das Wetter hatte damit zum ungünstigsten Zeitpunkt ›zugeschlagen‹, denn das Entfernen der Spitze eines Nadelbaums oder mehrerer Zweigspitzen von Laubbäumen bei Vollmond kann gesunde Bäume schwer schädigen oder gar absterben lassen. Kranke Bäume sind zum Tod verurteilt, sie faulen von der Spitze her.

Genau die gleiche Aktion – das Spitzenabschneiden oder Zweige trimmen – kurz vor oder bei Neumond durchgeführt, hat den gegenteiligen Effekt:

> **Der rechte Zeitpunkt: Alle Pflanzen und Bäume, die nicht mehr wachsen wollen, kümmern oder krank sind, können in den meisten Fällen erfolgreich behandelt werden, wenn man bei abnehmendem Mond – im IV. Viertel oder am besten bei Neumond – die Spitzen entfernt. Die Spitze sollte knapp über einem Seitenast entfernt werden, der dann nach oben strebt und sich als neue Spitze eignet.**

Die Regel ist anwendbar auf *alle Pflanzen,* die nicht richtig wachsen wollen, auch auf Zier- und Blühpflanzen. Einfach bei Neumond die Spitzen kappen – das Resultat wird Sie überraschen.

> *»In meiner Heimat benutzten wir verlängerte Baumscheren, um die Spitzen kranker oder kümmernder Bäume abzuschneiden, fast immer mit Erfolg. Ich bin sicher, daß den zahlreichen kranken Bäumen in unseren Wäldern gut geholfen werden könnte, wenn man diese einfache Maßnahme anwendet.*
>
> *Bei Blumen, Sträuchern und Obstbäumen muß manchmal mehr als nur die Spitze weggeschnitten werden. Ich habe schon bei einem meiner Obstbäume bei Neumond radikal alles abgehackt – kurz oberhalb der Veredelungs-*

stelle. Der Baum bat neu ausgetrieben, und seither blüht er wieder jedes Jahr und trägt Früchte.

Ob man mit dem Spitzenschnitt bei Neumond das Waldtöten stoppen kann? Da bin ich nicht sicher, weil ja die Ursachen nicht beseitigt werden. Daß der Erfolg aber alle Erwartungen übertreffen würde, das ist gewiß. Alle kranken Bäume, die ich bisher auf diese Weise gepflegt habe, sind wieder gesund geworden.«

Jungfrautage – Arbeitstage

Jungfrau	im zunehmenden Mond	im abnehmenden Mond
	März bis September	September bis März

In Garten und in der Natur spielt das Tierkreiszeichen Jungfrau eine ganz besondere Rolle, wie Sie vielleicht schon an den bisherigen Hinweisen erkennen konnten. Wenn es um Pflanzen und Säen geht, ist es das beste Tierkreiszeichen, aber auch einige andere Arbeiten sind begünstigt.

»Bergwaldbauern beispielsweise wissen vielfach noch um die Bedeutung dieses Tages. Baumstecklinge werden an Jungfrau ohne viel Federlesens gesetzt: Mit einem Spaten wird in größeren Abständen ein Schlitz gestochen, der Steckling eingesetzt und einfach festgetreten. Sollten einige Bäumchen nicht recht wachsen wollen, werden bei Neumond die kleinen Spitzen abgezwickt. Die Bäume wachsen schnell und kräftig, ein Einzäunen gegen Wildverbiß ist oft gar nicht nötig. In meiner Heimat wurde, soviel ich weiß, überhaupt nicht eingezäunt.«

An Jungfrau umgetopfte Pflanzen, etwa Geranien, haben die besten Voraussetzungen, wunderschöne, gesunde Balkonpflanzen zu werden. Ableger wurzeln im Herbst rasch an, weil Jungfrau dann immer im abnehmenden Mond steht.

Ableger kann man auch sehr gut im Frühjahr stecken, wenn der Mond zunimmt. Das gilt vor allen Dingen für jene Geranien, die überwintert werden. Nach dem ›Winterschlaf‹ werden an Jungfrautagen die Geranien umgetopft, geteilt oder eben nur Ableger gesetzt.

Auch ein bei *Jungfrau* im *zunehmenden* Mond angesäter Rasen wird schnell zur Augenweide, allerdings würden sich für einen Rasen die Löwetage in zunehmendem Mond fast noch besser eignen. Auf jeden Fall ist der zunehmende Mond wichtig.

Stadtverwaltungen könnten sich große Geldsummen sparen, wenn sie bei dem Anlegen städtischer Parks und Grünflächen auf diese Termine achten würden. Der Rasen wächst kräftiger und ist viel widerstandsfähiger, ein Nachsäen wird oft unnötig.

Die große Ausnahme der Jungfrauregeln bildet der Kopfsalat! An Jungfrau gesetzt, schießt er in die Höhe und ›kopft‹ nicht. Auch Schütze ist ein schlechtes Zeichen für das Setzen von Salat. Die Regeln für Blattgemüse lauten anders:

Der rechte Zeitpunkt: Blattgemüse (Salat, Spinat, Weiß- und Rotkohl etc.) sollte bei abnehmendem Mond gesät und gepflanzt werden, am besten an den Krebstagen.

Für eine weitere Arbeit im Garten, für das Setzen oder Erneuern von Gartenzäunen, eignen sich ebenso die Jungfrautage. Es sollte jedoch gerade abnehmender Mond oder Neumond herrschen. In dieser Zeit eingeschlagene Pfosten werden von selbst fest. Die Regel gilt für jedes Setzen von Baumsäulen, der abnehmende Mond macht sie fest. Reparaturarbeiten dieser Art fallen ohnehin meist in den Herbst oder das zeitige Frühjahr, wenn Jungfrau im abnehmenden Mond steht.

Natürlich steht der Mond monatlich immer nur zwei bis drei Tage lang im Zeichen Jungfrau, doch was immer Sie an diesen Tagen an Pflanzarbeiten schaffen, lohnt jede Mühe. Besonders wer nach Jahren eine völlige Umgestaltung seines Gartens ins Auge gefaßt hat, wäre gut beraten, alle Umsetz- und Pflanzarbeiten in den Jungfrautagen bei zunehmendem Mond vorzunehmen. Nur Pflanzen, die ohnehin gut anwachsen, müssen nicht unbedingt an Jungfrau gesetzt werden, solange der zunehmende oder absteigende Mond beachtet wird. Setzen Sie sich Prioritäten: Richten Sie Ihr Augenmerk an Jungfrau einfach auf alle problematischen Pflanzenarten, dann kommen Sie gut über die Runden.

Über die Pflanzenernährung

Im Streben nach Bildung wird Tag für Tag etwas erworben.
Im Befolgen der Natur wird Tag für Tag etwas aufgegeben.
Immer weniger wird getan, bis Nicht-Tun erreicht ist.
Nichts wird getan, nichts beibt ungetan.
Die Welt wird dadurch gelenkt, daß man den Dingen ihren Lauf läßt. Durch Eingreifen kann nichts gelenkt werden.

LAO TSE

Allgemeine Düngeregeln

Jede *Überdüngung* – sie ist heute eher die Regel als die Ausnahme – verhindert eine normale Wurzelbildung, besonders bei Obstbäumen. Die Düngermengen sollten sich stets nach dem Bedarf der Pflanze richten, und der ist in der Regel weit geringer, als heute vielfach angenommen wird – erst recht, wenn man auf den richtigen Zeitpunkt des Düngens achtet.

Wie überall in Garten und Feld sollte wieder Gefühl und Hausverstand und nicht Regel, Dogma und ›Expertenmeinung‹ zum Maßstab werden. Guter Kompost und Stallmist etwa sind immer noch unübertroffene Dünger, besonders für Obstbäume.

Einfach das Düngen zu unterlassen hilft jedoch nur in seltenen Fällen weiter, außer Sie wissen Bescheid, wie man gekonnte Bodenbearbeitung macht. Ein Landwirt aus der Bekanntschaft düngt seit zehn Jahren seine Gemüse- und Getreidefelder überhaupt nicht mehr! Und das bei sehr guten Erträgen und hoher Qualität der Erntefrüchte. Nach seiner Methode befragt, sagte er: »Langsamkeit ist das ganze Geheimnis.« Er habe seine Methoden von einem alten Bauern gelernt. Den Boden bearbeitet er mit einem selbstentwickelten Gerät auf vielfältige Weise in jeder Trockenperiode der Vegetationszeit – und nur, solange der Boden warm ist und auch nur so tief, wie die Wärme hinabreicht. Bei zunehmendem Mond arbeitet er flach, bei abnehmendem Mond tiefer.

Diese Methode führt automatisch dazu, daß der Boden im Laufe der Zeit mit allen zwölf Energieimpulsen der Tierkreiszeichen ›berührt‹ wird. Verbirgt sich hier ein Grundpfeiler der Landwirtschaft des nächsten Jahrtausends? Natürlich gibt es dennoch viele gute Gründe, um das Thema Düngen eingehend zu besprechen.

Eine wichtige Beobachtung in der Natur scheint völlig in Vergessenheit geraten zu sein: In der Zeit des abnehmenden Mondes, beginnend nach dem Vollmondtag, kann die Erde viel mehr Flüssigkeit aufnehmen als bei zunehmendem Mond.

»Vor nicht allzulanger Zeit hörte ich vormittags im Radio einer Diskussion zwischen Umweltschützern und Vertretern der Bauernschaft zu. Hin und her wogten die Argumente für und wider das Düngen, die Belange des Grundwasserschutzes kamen zur Sprache, eine Einigung war nicht in Sicht. Ich wollte schon anrufen und den Teilnehmern sagen, daß beide Seiten recht haben, habe es mir aber dann anders überlegt.

Es ist so einfach: Zu bestimmten Zeiten ausgebracht, arbeitet sich der Dünger in den Boden, kann den Pflanzen nutzbar werden und geht nicht ins Grundwasser. Zu anderen Zeiten bleibt der Dünger auf der Oberfläche liegen, und weil die Düngestoffe vom Boden nicht aufgenommen werden, gelangen sie direkt ins Grundwasser und verseuchen es.«

Man sollte, wann immer es möglich ist, vermeiden, bei zunehmendem Mond zu düngen. Das belastet nur das Grundwasser, mit allen wohlbekannten Folgen. Sogar das Trinkwasser können Babys in manchen Gegenden wegen des hohen Nitratgehalts nicht mehr gefahrlos zu sich nehmen.

Jeder Landwirt, jeder Gärtner hat es in seiner Alltagsarbeit schon festgestellt: An manchen Tagen hat das Düngen verheerende Wirkungen – Grasnarben verbrennen, Wurzeln bilden sich zurück oder sterben ab. An anderen Tagen bringt das Düngen den gewünschten Erfolg, schädliche Begleiterscheinungen bleiben aus.

Achten Sie deshalb beim nächsten Düngen einmal auf den Mondstand und beobachten Sie, wie gut die Erde bei abnehmendem Mond das jeweilige Düngemittel aufnimmt. Das gilt auch für alle Zimmer- und Balkonpflanzen.

Der rechte Zeitpunkt: Düngen sollte man, wenn möglich, bei Vollmond oder bei abnehmendem Mond.

Zeitlich läßt sich der Vollmondtag als Düngetag oft nur schwer mit den vielfältigen Arbeitsabläufen von Gärtnern und Landwirten vereinbaren. Für viele ›Kleingärtner‹ dürfte es aber kein Problem sein, ihn zu beachten – und der Zeitraum des abnehmenden Mondes ist lang genug, um ihn auch in größeren Betrieben ausnützen zu können.

Sie werden überrascht sein über die Wirkung, die von der Wahl des richtigen Zeitpunkts ausgeht. Ignorieren Sie getrost die Anwendungsvorschriften der Präparate, und entwöhnen Sie Ihre Pflanzen langsam von der übertriebenen Düngung. Sie werden sehen – der Erfolg gibt Ihnen recht.

Blumendüngung

Auch die Wahl des Tierkreiszeichens zum Düngezeitpunkt kann eine Rolle spielen. Neben dem abnehmenden Mond sollte man auch darauf achten, daß das Düngen von Blumen ebenso wie das Gießen an Blattagen erfolgt – also an Krebs, Skorpion oder Fische.

Für Blumen mit schwacher Wurzelbildung können Sie zwischendurch einen Wurzeltag wählen (Stier, Jungfrau, Steinbock).

Blumen, die nicht mehr recht blühen wollen, sollten zwischendurch an einem Blütentag (Zwillinge, Wassermann, Waage) Dünger erhalten. Jedoch nicht zu oft, denn sonst ergeht eine Einladung an die Läuse.

Der natürliche, jahreszeitlich bedingte Blütenrückgang darf selbstverständlich nicht zum Signal werden, an einem Blütentag zu düngen.

Getreide, Gemüse und Obst

Getreide, Gemüse und Obst sollen nicht schön blühen, sondern lebensvolle Frucht tragen.

> **Der rechte Zeitpunkt: Die geeignetste Zeit für das Düngen sind die Fruchttage (Widder, Schütze), auch hier bei abnehmendem Mond oder bei Vollmond. Die Löwetage sind nicht so gut geeignet zum Düngen, weil dann der Boden und die Pflanzen stark austrocknen.**

Kunstdünger sollten Sie jedoch *niemals bei Löwe* anwenden, Erde und Saatgut verbrennen leicht, besonders auf ohnehin trockenen Böden. Löwe ist im ganzen Tierkreis das ›feurigste‹ Zeichen.

Komposthaufen – Recycling à la nature

Weil guter, ausgereifter Kompost zum Besten zählt, was der Garten hergibt, nicht nur als guter Dünger, soll er etwas eingehender besprochen werden. Noch vor zwanzig Jahren war das Wort ›Recycling‹ unbekannt. Vielleicht war es nötig, sich ein Kunstwort auszudenken für einen Kreislauf, der früher selbstverständlich war: Was man von der Natur geschenkt bekommt oder ihr durch eigene Arbeit abgewinnt, gibt man ihr so zurück, daß ihre innere Kraft und Ganzheit erhalten bleibt.

Heute hat sich das Gleichgewicht verschoben: Wir entreißen der Natur zuviel, verarbeiten, verändern, verwandeln ihre Gaben auch noch so, daß sie unverdaulich und vergiftend zu ihr zurückkehren. Der Ast, auf dem wir sitzen, ist schon angesägt.

Vielleicht haben wir deshalb das Wort Recycling erfunden, weil uns ein schlechtes Gewissen zwingt, zu vergessen, daß ›Zurück in den Kreislauf der Natur führen‹ und ›Wiederverwenden‹ nichts Neues ist, sondern Ausdruck einer Notwendigkeit. Dieser Notwendigkeit zu gehorchen macht Arbeit, senkt Erträge und Gewinne, und ist ›unbequem‹. Glücklicherweise haben inzwischen viele Menschen wieder die Erfahrung gemacht, daß sie auch Freude machen kann.

Das *Kompostieren* ist eine der ältesten Formen des Recyclings. Gewieften ›Gartlern‹ wird dieses Kapitel vielleicht nicht viel Neues bringen, aber die ständig wachsenden Abfallprobleme haben in letzter Zeit viele Neulinge dazu inspiriert, sich an dieser Kunst zu versuchen. Ausführliche Beschreibungen finden Sie in vielen Gartenbüchern, daher hier die Beschränkung auf einige Tips:

- Der richtige Platz für einen Komposthaufen liegt möglichst windgeschützt im Halbschatten, um ein Austrocknen zu vermeiden. Für das Verrotten ist genügend Wärme wichtig, ein allzu schattiger Ort verlangsamt die Umwandlungsprozesse.

- Wenn Sie sich für einen Platz entschieden haben, sollte auf der Fläche des Komposthaufens der Boden etwa zehn Zentimeter tief aufgelockert werden. Als wiederum etwa zehn Zentimeter dicke Unterlage eignet sich trockenes, saugendes Material – etwa trockener Rasenschnitt, kleingeschnittene Zweige, Mulch oder Stroh.

- Die Grundlage wird nun mit lockerem, sperrigem Material bedeckt. Der Boden darf nicht betoniert, mit Folie bedeckt oder sonstwie abgedichtet sein. Das würde nur zu Fäulnis und Staunässe führen und den Regenwürmern den Weg von unten in den Komposthaufen blockieren.

- Der Aufbau des Bretterkastens und das Ansetzen des Komposthaufens sollten bei abnehmendem Mond erfolgen, das Feststampfen bei zunehmendem Mond, am besten einige Tage vor Vollmond. Als Alternative kommt beim Ansetzen eines Komposthaufens auch der absteigende Mond in Frage. Die Verrottung erfolgt bei Einhaltung dieser Zeiten wesentlich schneller. Zumindest einer der Impulse sollte Beachtung finden.

- Jetzt kann man mit der Aufschichtung des Komposts beginnen. Schichten Sie organisches Material und Abfälle locker aufeinander, Schicht um Schicht. Geeignet als Kompostmaterial sind alle verrottbaren Stoffe aus pflanzlichen und tierischen Abfällen, die keine Schadstoffe enthalten. Äste sollten vorher gehäckselt werden. Kranke Pflanzenteile und Wurzelunkraut gehören nicht auf den Kompost. Ebenso sind nicht alle Küchenabfälle geeignet, der Komposthaufen soll ja kein Müllplatz werden. Speisereste von Gekochtem etwa haben nichts auf dem Komposthaufen zu suchen! Speisereste sind keine Küchenabfälle und locken früher oder später unerwünschtes Ungeziefer oder gar Ratten an.

- Auf Erdtage, besonders Jungfrau (aber auch Stier und Steinbock), sollte man achten, wenn man biologische Verrottungshilfen (etwa Steinmehl) zugibt. Kalkzusätze fördern Humusbildung und gesunde Verrottung.

- Zur Unterstützung des Rottvorgangs kann man auch halbreifen Kompost oder Gartenerde zwischen die einzelnen Schichten mischen. Immer abwechselnd sperrige Materialien einfügen und bei zunehmendem Mond einige Male festtreten. Grasschnitt sollte nie zu hoch aufgeschüttet werden, weil es sonst zu Fäulnisbildung kommt (5 bis 10 cm sind genug). Stallmist ist gut geeignet zur zusätzlichen Anreicherung mit Nährstoffen.

- Trockenes Material kann vor dem Aufschichten etwas angefeuchtet werden. Eine Faustregel für das Aufschichten:

  Trockenes Material auf feuchtes.
  Grobes Material auf feines.

- Guter Kompost hat zwar einen angenehmen Geruch, aber setzen Sie ihn trotzdem nicht direkt neben die Sitzecke des Nachbarn. Mit einer Hecke oder mit Stangenbohnen ist Ihr Kompost gut geschützt.

Wenn Sie diese Regeln beachten, können Sie wunderbaren, reifen Kompost ›ernten‹, der beste Gartenerde und Dünger abgibt.

Ernten, Lagern und Konservieren

Was nützt alles Geschick beim Pflanzen, Säen und Pflegen unserer Gewächse, wenn Schädlinge, Schimmel oder Fäulnisbakterien alle Mühe zunichte machen? Schon seit Menschengedenken sind beim Lagern der Früchte aus Garten, Feld und Wald Methoden angewandt worden, die sie haltbar machten und unsere Vorfahren harte Winter überdauern ließen – Gärung, Einsalzen, Räuchern, Kochen, Braten, Trocknen und vieles mehr. Vor allem aber auch: Das Achten auf den richtigen Zeitpunkt der Ernte und des Konservierens.

So oft führen Lager- und Konservierungsmaßnahmen zu unterschiedlichen Ergebnissen, obwohl stets die gleichen Reinlichkeitsregeln eingehalten wurden. Bestes Beispiel: Fast jede Hausfrau hat schon erlebt, daß bisweilen Marmelade geöffnet schon nach kurzer Zeit verdirbt, manchmal steht sie wochenlang auf dem Frühstückstisch und schmeckt wie am ersten Tag. Auch geschlossen halten eingeweckte Früchte oder selbstgemachte Marmelade unterschiedlich lange. Vielleicht finden Sie des Rätsels Lösung, wenn Sie die Regeln für das Ernten und Lagern kennenlernen.

Der rechte Zeitpunkt: Die günstigste Zeit für Ernten, Haltbarmachen, Lagern und Einkellern ist die Zeit des aufsteigenden Mondes (Schütze bis Zwillinge). Ernten und Lagern ist somit weniger von der Mondphase abhängig, sondern vom Tierkreiszeichen, das der Mond gerade durchwandert.

Zum Ernten und Einlagern von Getreide, Gemüse und Kartoffeln sind die Widdertage am besten geeignet.

Obst und Gemüse stehen bei *aufsteigendem* Mond besser im Saft, er bleibt beim Ernten erhalten und bietet die besten Voraussetzungen für guten Geschmack und Haltbarkeit.

Das Einkochen von Marmelade und Säften ist ebenfalls beim *aufsteigenden* Mond günstig. Das Obst ist viel saftiger und auch das Aroma viel besser. Die Haltbarkeit ist um vieles größer, auf künstliche Geliermittel oder ähnliche chemische Zusätze kann man getrost verzichten (gilt auch für das Einkochen und Einmachen anderer Lebensmittel).

Eine Ausnahme bilden die Fischetage: Sie befinden sich zwar im aufsteigenden Mond, doch was jetzt geerntet wird, sollte zum sofortigen Gebrauch bestimmt sein. Die Zeit ist zum Einkellern und Haltbarmachen von Obst und Gemüse nicht gut geeignet. Es besteht Fäulnisgefahr, alles bekommt einen faden Geschmack.

Wenn Sie aus Zeitgründen auf andere Termine ausweichen müssen, sollten Sie zumindest darauf achten, den negativsten Einflüssen aus dem Weg zu gehen.

Bei *zunehmendem* Mond geerntete Garten- und Feldfrüchte sollten möglichst sofort verbraucht werden, wenn nicht der Mond gerade in einem Zeichen mit aufsteigender Kraft steht.

Unbedingt meiden sollten Sie für das Ernten, Lagern und Konservieren die *Jungfrautage.* Eingemachtes beispielsweise fängt leicht zu schimmeln an. Auch der Krebs eignet sich nicht sonderlich gut. Wer also auf den aufsteigenden Mond achtet, geht diesen Zeichen aus dem Weg.

Früchte, Obst und Kräuter, die getrocknet werden sollen, sollten Sie stets bei *abnehmendem* Mond sammeln und ernten.

Kellerregale für die Obstlagerung nur bei *abnehmendem* Mond reinigen (bei einem Luft- oder Feuerzeichen). Das hält sie trocken und verhindert Schimmelbildung.

Widder

Widdertage sind Fruchttage mit aufsteigender Kraft.

Sehr günstig:

- Säen und pflanzen von allem, was schnell wachsen soll und zur sofortigen Verwendung bestimmt ist
- Veredeln von Obstbäumen (bei zunehmendem Mond)
- Ernten und einlagern von Getreide

Günstig:

- Setzen und säen von Früchten
- Anbauen von Getreide (bei zunehmendem Mond)
- Düngen von Getreide, Gemüse und Obst (unbedingt bei abnehmendem Mond oder Vollmond, April bis September)
- Ausschneiden von Obstbäumen und -sträuchern (bei abnehmendem Mond)

Stier

Stiertage sind Wurzeltage mit aufsteigender Kraft.

Sehr günstig:

- Säen und pflanzen von Bäumen, Büschen, Hecken und Wurzelgemüse. Alles wächst langsam, wird dauerhaft, die Erntefrüchte sind besonders zur Vorratshaltung geeignet

Günstig:

- Ansetzen eines Mist- oder Komposthaufens (bei abnehmendem Mond, Mai bis Oktober)
- Bekämpfen von Ungeziefer, das in der Erde vorkommt
- Zwischendurch düngen bei Blumen mit schwacher Wurzelbildung
- Konservieren und einkellern von Wurzelgemüse, z. B. Kartoffeln, Karotten usw.

Zwillinge

Zwillingetage sind Blütentage und Knotenpunkt zwischen auf- und absteigender Kraft.

Sehr günstig:

- Setzen, pflanzen und säen von allem, was ranken soll

Günstig:

- Blumen setzen und säen
- Bekämpfen von Schädlingen
- Zwischendurch düngen bei Blumen, die nicht mehr recht blühen wollen, jedoch nicht zu oft, sonst Gefahr von Läusebefall

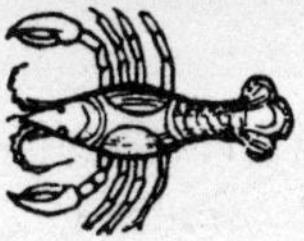

Krebs

Krebstage sind Blattage mit absteigender Kraft.

Sehr günstig:

- Setzen und säen von Blattgemüse (bei abnehmendem Mond gesetzter Salat kopft gut)
- Bekämpfen von oberirdischen Schädlingen

Günstig:

- Rasen mähen (bei zunehmendem Mond noch besser)
- Gießen von Zimmer- und Balkonpflanzen
- Blumen düngen

Ungünstig:

- Setzen und säen von Pflanzen, die in die Höhe wachsen sollen
- Ausschneiden von Obstbäumen und -sträuchern (bei zunehmendem Mond, besonders im Frühjahr. Krebs im Vollmond ist besonders ungünstig)
- Einkellern, lagern und konservieren ist ebenfalls ungünstig

Löwe

Löwetage sind Fruchttage mit absteigender Kraft. Löwe ist das ›feurigste‹, austrocknendste Zeichen im ganzen Tierkreis.

Sehr günstig:

- Sammeln von herzstärkenden Kräutern
- Ausschneiden von Obstbäumen und -sträuchern (bei abnehmendem Mond, für den Winterschnitt geeignete Tage)
- Bester Tag zum Getreideanbau (bei zunehmendem Mond) auf feuchten Äckern

Günstig:

- Rasen ansäen (bei zunehmendem Mond)
- Setzen und säen von Früchten, jedoch nichts, was viel Wasser braucht (Tomaten, Kartoffeln)
- Setzen von leicht verderblichem Gemüse
- Setzen von Bäumen und Sträuchern
- Veredeln von Obstbäumen (bei zunehmendem Mond im Frühjahr)

Ungünstig:

- Verwenden von Kunstdünger
- Unkraut jäten
- Sauerkraut einhobeln (trocknet aus)

Jungfrau

Jungfrautage sind Wurzeltage mit absteigender Kraft. Sie sind die besten Tage für fast alle Arbeiten in Garten, Feld und Wald, die mit setzen, umsetzen und neu einpflanzen zu tun haben.

Sehr günstig:

- Alle Setz-, Pflanz- und Säarbeiten. Die Erde läßt alles schön aufgehen
- Pflanzen von Einzelbäumen, die sehr hoch werden sollen
- Pflanzen von Sträuchern und Hecken, die schnell wachsen sollen
- Verpflanzen alter Bäume (Frühjahr oder Herbst)
- Umtopfen und neu einsetzen von Balkon- und Zimmerpflanzen
- Ansäen von Rasen (bei zunehmendem Mond)
- Setzen von Stecklingen (bei zunehmendem Mond, im Herbst bei abnehmendem Mond)

Günstig:

- Ansetzen eines Mist- oder Komposthaufens (bei abnehmendem Mond)
- Jede Art von Düngung
- Bekämpfen von Ungeziefer, das in der Erde vorkommt
- Zwischendurch düngen bei Blumen mit schwacher Wurzelbildung
- Zaunsäulen setzen
- Mist ausfahren

Ungünstig:

- Kopfsalat pflanzen (schießt ins Kraut)
- Einmachen, Einkochen und Lagern

Waage

Waagetage sind Blütentage mit absteigender Kraft. Es ist ein neutrales Zeichen, fast keine Arbeit im Garten wirkt sich an diesem Tag besonders ungünstig oder besonders gut aus.

Günstig:

- Säen und setzen von Blumen und Blütenheilkräutern
- Zwischendurch düngen bei Blumen, die nicht mehr recht blühen wollen

Skorpion

Skorpiontage sind Blattage mit absteigender Kraft.

Sehr günstig:

- Säen, setzen, auch ernten und trocknen von jeder Art von Heilkräutern
- Bekämpfen von Schnecken (bei zunehmendem Mond mit Eierschalen)

Günstig:

- Setzen und säen von Blattgemüse
- Rasen mähen
- Zimmer- und Balkonpflanzen gießen
- Düngen von Blumen und Wiesen (nicht so gut für Gemüse)

Ungünstig:

- Ausschneiden von Obstbäumen und -sträuchern (bei zunehmendem Mond, besonders im Frühjahr)
- Bäume fällen (Borkenkäfergefahr)

Schütze

Schützetage sind Fruchttage und Knotenpunkt zwischen auf- und absteigender Kraft.

Sehr günstig:

- Setzen und säen von allen Früchten und hochwachsendem Gemüse (Stangenbohnen, Hopfen, etc.)

Günstig:

- Ausschneiden von Obstbäumen und -sträuchern (bei abnehmendem Mond im Frühjahr)
- Getreideanbau, besonders Mais
- Düngen von Getreide, Gemüse und Obst im Frühjahr (unbedingt bei abnehmendem Mond oder Vollmond!)
- Bekämpfen oberirdischer Schädlinge

Ungünstig:

- Hacken und jäten (Unkraut schießt gerne)
- Salat setzen (schießt ebenfalls leicht)

Steinbock

Steinbocktage sind Wurzeltage mit aufsteigender Kraft.

Sehr günstig:

- Unkraut jäten (bei abnehmendem Mond)
- Gartenwege anlegen

Günstig:

- Pflanzen, setzen und säen von Wurzel- und Wintergemüse
- Roden, Auslichten von Pflanzen, Waldrändern, Hecken (bei abnehmendem Mond)
- Ansetzen eines Mist- oder Komposthaufens (bei abnehmendem Mond)
- Bekämpfen von Ungeziefer, das in der Erde vorkommt
- Zwischendurch düngen von Blumen mit schwacher Wurzelbildung
- Konservieren und Einkellern von Wurzelgemüse (etwa Sauerkraut einhobeln, bei abnehmendem Mond. Bei zunehmendem Mond verläuft der Gärungsprozeß zu schnell)

Wassermann

Wassermanntage sind Blütentage mit aufsteigender Kraft. Sie sind allerdings für fast alle Gartenarbeiten eher ungeeignet. Man sollte sich auf das Notwendigste beschränken. Wassermann ist in Garten, Feld und Wald ein eher unfruchtbares Zeichen.

Günstig:

- Aufhacken zum Jäten, wobei Unkraut zur Verrottung liegenbleiben kann
- Zwischendurch düngen bei Blumen, die nicht mehr recht blühen wollen, jedoch nicht oft wegen Läusebefall

Ungünstig:

- Pikieren, weil die umgesetzten Pflanzen nicht anwurzeln und umfallen

Fische

Fischetage sind Blattage mit aufsteigender Kraft. Alles an diesem Tage Geerntete sollte sofort verbraucht werden.

Günstig:

- Setzen und säen von Blattgemüse
- Gießen von Zimmer- und Balkonpflanzen
- Rasen mähen
- Blumen düngen
- Kartoffeln setzen bei abnehmendem Mond. (Besonders gut, wenn Fische auf den *dritten Tag nach Vollmond* fällt)

Ungünstig:

- Ausschneiden von Obstbäumen und -sträuchern (bei zunehmendem Mond, besonders im Frühjahr)
- Konservieren, einkellern und lagern

IV

Vom rechten Zeitpunkt in Land- und Forstwirtschaft

Drei Dinge sind nötig, um jeden Gegner zu besiegen:
Sich zu freuen, wenn er recht hat,
traurig zu sein, wenn er unrecht hat,
und sich ihm gegenüber nicht töricht zu benehmen.

Vier Dinge sind nötig, um die Welt vor der Menschheit zu retten:
Akzeptiere die Unwissenheit der anderen Menschen
und erspare ihnen deine eigene.
Gib ihnen von deiner Substanz
und erwarte keinen Anteil an der ihren.

INDISCHE WEISHEIT

Alle Regeln vom vorherigen Kapitel sind voll gültig, unabhängig davon, ob Ihr Salat oder Ihre Früchte im kleinen Schrebergarten oder auf hektargroßen Flächen gedeihen. Die Prinzipien der Mondrhythmen lassen sich leicht auf jede Feld- und Plantagenarbeit übertragen. Einige Regeln im Pflanzenbau sind jedoch nur für Land- und Forstwirte von Nutzen, deshalb ist ihnen ein eigenes Kapitel gewidmet.

Natürlich ist es klar, daß die Landwirtschaft in den letzten Jahrzehnten gewaltige Veränderungen durchgemacht hat – freiwillig und unfreiwillig, zum Guten wie zum Schlechten. Durchorganisierte Arbeitsabläufe machen gerade in Großbetrieben und in der Massentierhaltung die Rückkehr zur Beachtung der Mondrhythmen nicht einfach. Vielleicht haben Sie jedoch nach der Lektüre des vorigen Kapitels einen tieferen Einblick in die dynamischen Kreisläufe der Natur gewonnen, an denen sich seit Jahrtausenden nichts geändert hat, haben gar für manch rätselhafte Erfahrung mit Säen, Pflanzen, Ernten und Lagern eine einleuchtende Erklärung gefunden.

Für viele ›kleine‹ Bauern ist dieses Wissen sehr interessant und auch praktisch anwendbar. Viele Stadtbewohner und Kunden gehen heute weite Wege auf der Suche nach gesundem Getreide, gesundem Fleisch und ›Milch von glücklichen Kühen‹. Wenn sich die Nachfrage weiter wandelt und in Richtung Naturbelassenheit und Gesundheitswert der Produkte geht, dann haben gerade solche Bauern die allerbesten Chancen.

Im Grunde sitzen doch alle Gärtner, Land- und Forstwirte im gleichen Boot: Sie profitieren vom harmonischen Zusammenspiel von Himmel und Erde, von Sonne, Wind, Wolken, Wasser und Wärme. Es ist nicht immer ihre Schuld, daß einige der Gesetze, die zwischen Himmel und Erde regieren, scheinbar in Vergessenheit geraten sind und zu vielen Problemen geführt haben – Überdüngung, Bodenvergiftung, Grundwasserverseuchung, Qualität der Erntefrüchte usw.

Die Anzeichen einer Wendung zum Besseren jedoch mehren sich: Vielen ist klargeworden, daß der Preis der Mißachtung natürlicher Rhythmen und Kreisläufe langfristig viel höher ist als der Gewinn durch kurzfristig höhere Erträge in Ackerbau und Viehzucht. Die nordamerikanischen Indianer wußten es von Anfang an:

Erst wenn der letzte Baum gerodet,
der letzte Fluß vergiftet,
der letzte Fisch gefangen,
werdet ihr feststellen,
daß man Geld nicht essen kann.

INDIANERWEISHEIT

Und gerade in ihrem Land, das durch Weizen- und andere Monokulturen so sehr ausgebeutet worden ist, hat der Marsch in die Landwirtschaft der Zukunft begonnen. Großbetriebe verwandeln sich in mehrere kleine, der Umweltschutz gewinnt im wahrsten Sinne des Wortes an Boden, Äcker werden wieder mit Baumalleen und Hecken eingesäumt.

Vielleicht hilft es, noch einmal daran zu erinnern, daß es gerade auch die Vorfahren der heutigen Land- und Forstwirte waren, besonders die Wald- und Bergbauern, die das Wissen um die Naturrhythmen entdeckten, bewahrten und weitergaben.

Die Regeln, die in diesem Buch vorgestellt werden, lassen sich in der Land- und Forstwirtschaft sicherlich nicht von einem Tag auf den anderen befolgen. Es wird ein langsamer Prozeß sein, der aber nur dann in Gang kommt, wenn Wille und Absicht vorhanden sind. Wie groß das Interesse ist, gerade unter den Landwirten, hat sich gerade in jüngster Zeit oft gezeigt.

Ein Tip: Reservieren Sie doch einfach eine oder mehrere kleine Anbauflächen und probieren Sie auf diesen Flächen alle Regeln zum Pflanzenbau, die in diesem Buch vorgestellt werden, aus. Ändern Sie an den übrigen Arbeitsabläufen nichts. Und dann sehen Sie einfach zu, wie diese kleinen Stückchen Erde sich entwickeln.

Einfallsreichtum und Zukunftsglauben haben die Landwirtschaft von heute geschaffen, der gleiche Pioniergeist wird die Land- und Forstwirtschaft der Zukunft formen. Wenn dabei ein wenig mehr Vernunft, Maß und Ziel regiert, wenn die Lektionen der Vergangenheit und Gegenwart gelernt werden, dann kann nicht viel schiefgehen.

Getreideanbau

Wer beim Getreideansäen *zunehmenden und zugleich absteigenden Mond* und dann auch noch einen *Fruchttag* (Löwe, Schütze) erwischt, dem kann eigentlich nur noch das Wetter einen Strich durch die Rechnung machen.

Wenn es an diesen ›besten‹ Tagen zum Getreideanbau regnet wie aus Kübeln, wird sich kein Bauer mit seinem Traktor aufs Feld wagen. Gott sei dank ist die Natur so eingerichtet, daß nicht immer alles zusammenpassen muß.

Der rechte Zeitpunkt: Für den Anbau von Getreide eignen sich die Widder- und Schützetage besonders gut, aber auch die Löwetage. Auf sehr trockenen Feldern besteht bei Löwe jedoch die Gefahr des Austrocknens.

Löwetage eignen sich ebenfalls gut, wenn das Feld von vorneherein sehr feucht ist.

Der Fruchttag Widder ist die beste Zeit zum Einlagern von Getreide.

Lostage

Vielleicht haben Sie sich schon gewundert, warum eine Getreidesorte in manchen Jahren besonders gut und in anderen Jahren besonders schlecht ausfällt. Natürlich spielen Wind und Wetter, Saatgutqualität und Bodenbeschaffenheit eine Rolle. Trotzdem gelingt es manchmal einem Landwirt, eine gute Ernte einzufahren, während der Nachbar unter den *gleichen Bedingungen* eine klägliche Ernte erzielt.

Anhand der Regeln vom rechten Zeitpunkt von Aussaat, Düngen und Ernte ist Ihnen vielleicht klargeworden, daß hierin ein Hauptgrund für unterschiedliche Ernteergebnisse zu finden ist.

In diesem Zusammenhang soll Ihnen eine seltsame Regel nahegebracht werden, die früher fast jeder Bauer kannte und die nach eigenen ›heimlichen‹ Versuchen noch voll gültig ist. Sie betrifft zwei Tage im Jahr, nämlich den 8. Juli und den 20. Juli.

Der rechte Zeitpunkt: Wer feststellen möchte, welche Getreideart im nächsten Jahr die beste Ernte erzielt, säe am 8. Juli einige Körner jeder Getreideart in den Boden. Die Körner, die am 20. Juli am besten aufgegangen sind, gedeihen auch im kommenden Jahr am besten.

Probieren Sie diese Regel an einem Versuchsbeet aus. Der Erfolg wird für sich sprechen. Diese Tage zählen zu den sogenannten ›Lostagen‹. Der Ursprung ihres Namens liegt darin, daß diese Tage früher wie eine Art ›Los‹ gesehen wurden, das man ›zieht‹. Von diesem ›Los‹, von dem Geschehen an diesen Tagen, schloß man auf zukünftige Ereignisse, hauptsächlich in Zusammenhang mit der Entwicklung des Wettergeschehens.

»Ansonsten möchte ich mich mit den Lostagen in diesem Buch nicht weiter beschäftigen. Ich weiß zwar, daß auch heute noch viele Bauern auf die Lostage achten, besonders auf die damit verbundenen Wetterregeln, und viele sind auch heute noch voll gültig. Ich habe das sehr oft beobachten können.

Die weltweiten Klimaveränderungen haben jedoch dieses früher sehr wichtige und nützliche Instrument etwas außer Kontrolle geraten lassen. Deshalb soll hier nicht weiter darauf eingegangen werden.«

Schädlinge und Unkraut

Alle Ratschläge zur Unkraut- und Schädlingsbekämpfung aus dem vorigen Kapitel gelten auch in der industriellen Landwirtschaft. Deshalb hier nur der Hinweis, daß sich große Mengen an Unkrautvertilgungsmitteln und Pestiziden sparen ließen, wenn diese Ratschläge Beachtung finden würden.

Düngen

Es war schon die Rede davon, daß die Erde bei abnehmendem Mond mehr Flüssigkeit aufnehmen kann als bei zunehmendem Mond. Vor kurzem war in den Medien davon die Rede, daß das Landwirtschaftministerium mit Investitionen in Milliardenhöhe zum Gewässerschutz rechnen muß aufgrund der Belastung des Grundwassers und der Flüsse mit überschüssigem Dünger, mit Phosphaten und Nitraten aus Landwirtschaft und Abwässern. Es ist sicher, daß man sich einen großen Teil dieses Geldes sparen könnte, wenn man die Mondrhythmen beim Düngen berücksichtigen würde.

Daß die Erde unterschiedlich aufnahmefähig ist, läßt sich auch indirekt feststellen: Ist Ihnen schon einmal aufgefallen, daß Überschwemmungen bei zunehmendem Mond viel häufiger vorkommen? Die Erde kann in dieser Zeit nicht soviel Wasser aufnehmen. Andererseits kommt es auf schrägen Hängen bei abnehmendem Mond häufiger zu Erdrutschen, weil die Erde feuchtschwer und vollgesaugt ist – besonders, wenn gesunde Bäume in der Erde nicht fest verankert sind oder der Bergwald krank ist. Dieser Zusammenhang ist gerade für die moderne Landwirtschaft und Forstwirtschaft und für den Grundwasserschutz von großer Bedeutung und sollte unbedingt wieder Beachtung finden.

Fast jeder Landwirt weiß es: An manchen Tagen hat das Düngen verheerende Wirkungen, an anderen Tagen stellt sich der gewünschte Erfolg ein. Wenn man die Regeln kennengelernt hat, ist die Sache nicht mehr so rätselhaft.

Der rechte Zeitpunkt: Dünger oder Mist sollte, wenn möglich, bei abnehmendem Mond ausgefahren werden. Bei Getreide, Gemüse und Obst am besten an Fruchttagen (Widder, Löwe, Schütze), ansonsten an Jungfrau oder an einem anderen Erdtag (Stier, Steinbock).

Jauche und Gülle sollten, wenn möglich, bei Vollmond ausgefahren werden. Andernfalls zumindest im abnehmenden Mond. Dann bleibt das Grundwasser geschützt.

Kunstdünger niemals bei Löwe ausbringen! Die Pflanzen verbrennen, weil Löwe eine stark austrocknende Wirkung hat.

Beim Ansetzen eines Misthaufens ist der abnehmende Mond ebenfalls eine große Hilfe.

Vielleicht kann man argumentieren, daß es eine starke Geruchsbelästigung gäbe, wenn jeder Bauer gleichzeitig Jauche ausfahren würde. Besser jedoch, drei Tage lang ›Gestank‹ auszuhalten, als das Grundwasser zu vergiften.

Urteilen Sie beim Düngen mit Gefühl und Hausverstand. Auch Düngemittelhersteller sind nicht frei von Eigeninteresse und übertreiben oft bei den Mengenangaben. Guter Kompost und Stallmist sind immer noch unübertroffene Dünger, besonders bei Obstbäumen.

Ernten und Einlagern von Getreide

Gute Ergebnisse lassen sich erzielen, wenn der Landwirt sein Getreide im *aufsteigenden* oder – als Alternative – im *abnehmenden* Mond ernten und einlagern kann, besonders an *Wid-*

der oder an sonstigen *Fruchttagen.* Das Getreide ist dann viel haltbarer und nicht so anfällig für Käfer- und Schimmelbefall. Man könnte große Mengen an Pflanzengiften einsparen.

Ungeeignet sind alle Wassertage, das Einlagern sollte dann vermieden werden.

Wege- und Wasserbau

Viele Architekten und Bauherren haben es schon erlebt, daß im Außenbereich verlegte Bodenplatten manchmal nach kurzer Zeit wackelig werden, daß Veranden oder mit Steinen verlegte Wege ›Wellen schlagen‹ – trotz aller Sorgfalt und Sachkenntnis. Ein anderes Mal hält der Plattenweg wie betoniert. Auch hier ist der Zeitpunkt der Arbeit für den Erfolg ausschlaggebend.

Und was die Regeln zum Wasserbau betrifft: Beobachten Sie einmal die unterschiedliche Wirkung von Hochwasser in einem Bachbett: Bei Hochwasser im zunehmenden Mond läßt das Wasser viel Kies im Bachbett zurück, d. h. der Bach tritt häufiger über die Ufer; bei abnehmendem Mond schwemmt der Bach den Kies aus und führt ihn mit sich.

- **Feldstraßen** sollte man bei *abnehmendem* Mond anlegen oder mit Kies auffüllen. Besonders geeignet sind hierfür die *Steinbocktage.* Wird bei zunehmendem Mond gearbeitet, bleibt der Belag lose, rutscht ab oder fährt sich schnell wieder aus. Schon die ersten Regenfälle spülen den neuen Kies fort.

- **Laufplatten** im Garten oder auf Fußwegen sollten ebenfalls bei *abnehmendem* Mond verlegt werden. Bei zunehmendem Mond ausgelegt, werden sie im Lauf der Zeit wacklig. Das ist besonders wichtig bei plattenbelegten Toreinfahrten, weil das große Gewicht von Fahrzeugen die Platten schneller verwirft und oft auch zerbricht.

- **Quellenausbau oder Wassersuche** sollten Sie im Sternzeichen *Fische* bei *zunehmendem* Mond vornehmen (wenn möglich im II. Viertel nahe am Vollmond). *Niemals* bei abnehmendem oder absteigendem Mond an einer Quelle arbeiten: das Wasser verschwindet und sucht sich einen neuen Weg.

- **Bach- und Flußbebauung zum Uferschutz** (Einbauen von Grundsteinen oder Grundbäumen) sollte bei einem *Wasserzeichen* (Krebs, Skorpion oder Fische) im *zunehmenden* Mond geschehen.

  Bei abnehmendem Mond durchgeführt, wird die Verbauung unterspült und das Flußbett ausgeschwemmt.

- **Drainage- und Abwasserarbeiten sowie die Reparatur von Brunnenleitungen** sind ebenfalls bei *zunehmendem* Mond und einem *Wasserzeichen* am erfolgreichsten.

Zäune

Für das Setzen oder Erneuern von Gartenzäunen eignet sich bestens die Zeit des *abnehmenden* Mondes oder der *Neumond.* In dieser Zeit eingeschlagene Pfosten werden von selbst fest, besonders an Erdtagen (Jungfrau). Nägel bleiben im Holz.

Die Regel gilt für Setzen von Pfosten aller Art, der abnehmende Mond macht sie fest. Der Neumondtag ist für solche Arbeiten am besten geeignet. Die ebenfalls günstigen Jungfrautage stehen ab Herbst immer im abnehmenden Mond (September bis Februar).

Als Alternative eignet sich auch der *absteigende* Mond; je näher jedoch am Vollmond, desto weniger.

Heustock ansetzen

Das Ansetzen eines Heustocks geschieht am besten bei abnehmendem Mond. Das Heu bleibt luftig und trocken, fault nicht, die Selbstentzündungsgefahr ist viel geringer.

Bei zunehmendem Mond wird das Heu leicht grau und schimmelig.

Stallpflege

Jeder Bauer und jede Bäuerin weiß, daß die gründliche Stallpflege eine mühsame und zeitraubende Arbeit sein kann. Wer jedoch dem nachstehenden Hinweis folgt, kann sich viel Plackerei sparen, die Arbeit geht viel leichter von der Hand. Natürlich kann es dabei nicht um die tägliche Stallpflege gehen, diese muß unabhängig vom Sternzeichen geschehen.

Der rechte Zeitpunkt: Achten Sie auf den abnehmenden Mond (alternativ den aufsteigenden Mond) und ein Luftzeichen (Zwillinge, Waage, Wassermann).

Hartnäckiger Schmutz läßt sich bei den Wasserzeichen (Krebs, Skorpion, Fische) besonders gut entfernen.

Der Stall bleibt länger sauber, bleibt geschützt vor Ungeziefer und Schimmel und trocknet schneller. Schimmelbefall an den Wänden läßt sich bei abnehmendem Mond leichter abwaschen (am besten mit Essigwasser und einer Wurzelbürste).

Auch die Lagerstreu für die Tiere sollte in der Zeit des *abnehmenden* Mondes eingefahren werden. Als Alternative, falls keine Zeit ist, bevorzugt man den aufsteigenden Mond. Eine gute Unterlage ist übrigens immer noch Stroh oder trockenes Buchenlaub.

Etwaiges Streichen der Stallwände sollte bei *abnehmen-*

dem Mond geschehen. Bei einem *Lufttag* gelingt die Arbeit besonders gut (Zwillinge, Waage, Wassermann).

Viehaustrieb auf die Weide

Entscheidend für das Verhalten der Tiere auf der Weide ist der Tag des ersten Austriebs. Wenn man den *absteigenden* Mond (besonders die Waagetage) wählt, bleiben die Tiere gerne auf der Weide und drängen nicht heim, bevor sie satt sind. Es sollte jedoch gleichzeitig ein Montag, Mittwoch, Freitag oder Samstag sein.

Niemals sollte man an *Dienstagen oder Donnerstagen* das Vieh zum ersten Mal auf die Weide treiben! Besonders beim Almauf- und -abtrieb wird heute noch auf diese Regel geachtet. Auch sind diese beiden Tage ungeeignet, um Vieh an andere Orte zu bringen oder nach dem Kauf heimzuholen. Sie sind nicht so freigebig mit ihrer Milch und werden später oft nicht trächtig.

Vermeiden sollte man auch *Löwe- und Krebstage.* Der Austrieb an Löwetagen macht die Tiere wild, sie sind dann nicht leicht zu bändigen. Bei Krebs kommen sie immer wieder zur Stalltür, gerade das Almvieh.

Im Herbst sollte das Vieh bei *zunehmendem* Mond zum letzten Mal auf die Weide gelassen werden.

Trächtigkeit

Wenn Kühe etwa um Neujahr herum trächtig werden, kommen die Kälber etwa im Oktober zur Welt. Das werden die gesündesten Kälber, und fast immer kann der Tierarzt bei der Geburt zu Hause bleiben. Wichtig ist, darauf zu achten, daß die Kühe nicht schon kurz danach wieder aufnehmen.

Gesunde Küken – gesunde Hühner

Auch für Hühner gibt es eine entsprechende Regel: Werden die Eier von Hühnern oder in Wärmeöfen so bebrütet, daß die Küken bei Vollmond schlüpfen, werden daraus die gesündesten Hühner. Die Brütdauer ist ja immer gleich, deshalb kann auch in Großbetrieben dieser Rhythmus ohne Schwierigkeiten berechnet und eingehalten werden.

Neubezug des Stalls

Die Zeit des *aufsteigenden* Monds ist für den Neubezug eines Stalls am besten geeignet. Die Tiere bleiben dann lieber im Stall, sind nicht so unruhig und drängen nicht immer nach draußen. Auch hier gilt es, zusätzlich auf den Wochentag zu achten: Verkaufte oder gekaufte Tiere sollten niemals an einem Dienstag, Donnerstag oder Sonntag von einem Stall zum anderen gebracht werden. Sogar das Umhängen von einer Stallbox in eine andere ist an diesen Tagen ungünstig.

Entwöhnen von Kälbern

Leider ist es heute unmodern geworden, Kälber an der Kuh trinken zu lassen. Vielleicht auch deshalb, weil der richtige Zeitpunkt in Vergessenheit geraten ist. Es ist wie bei den Menschen auch: Eine Zeitlang hielt man industriell gefertigte Babynahrung für der Weisheit letzten Schluß. Heute setzt sich die Erkenntnis durch, daß aber selbst belastete Muttermilch immer noch wertvoller ist als ein Fläschchen.

Der rechte Zeitpunkt: Kurz vor Vollmond mit dem Entwöhnen von Kälbern beginnen und am Vollmondtag selbst das Kälbchen zum letzten Mal trinken lassen.

Vollmond im Löwen, Krebs oder Jungfrau sind allerdings ungünstig. Bei Löwe werden es schreiende Tiere, bei Krebs möchten sie immer wieder zurück, bei Jungfrau stieren sie später oft und werden durch unruhiges Verhalten und Raufereien mit anderen Kühen zur Gefahr für die ganze Herde, besonders in den Bergen.

Regeln für die Forstwirtschaft

Holz ist ein wunderbarer Stoff. Jahrtausendelang hat er den Menschen Wärme und Werkzeug, Schutz und Schönheit – durch die Arbeit der großen Holzschnitzer – geschenkt. Die Wälder der Erde, die Quellen dieses Reichtums, zu schützen und zu bewahren ist eine der wichtigsten Aufgaben unserer Zeit. Grund zu Optimismus gibt es glücklicherweise, trotz Waldtöten und Abholzung der Regenwälder: Länder wie Schweden, wo kein einziger Baum fällt, ohne daß ein neuer gepflanzt wird, weltweite Aufforstungen, Anstrengungen der Umweltschützer, die sich allmählich durchsetzen. Der Beitrag, den die Wiederentdeckung und Befolgung der alten Regeln der Waldpflege und des Holzschlagens zum Unternehmen ›Rettung der Wälder‹ leisten könnte, ist groß. In vielfältiger Weise.

Holz ist ein sehr lebendiger Stoff. Auch nach dem Fällen ›lebt‹ das Holz weiter: Es ›arbeitet‹, um in der Sprache der Holzfachleute zu sprechen. Je nach Holzart, Jahreszeit und – wie Sie sehen werden – Fällungszeitpunkt trocknet es schnell oder langsam, bleibt weich oder wird hart, bleibt schwer oder wird leicht, bekommt Risse oder bleibt unverändert, verbiegt sich oder bleibt eben, fault und wurmt oder bleibt vor Schädlingen und Verrottung geschützt.

Grundsätzlich gibt es beim Holzfällen – wie auch bei allen anderen Regeln – keine ›guten‹ oder ›schlechten‹ Tage. Der jeweilige *Verwendungszweck* entscheidet: Es ist ein großer Unterschied, ob Holz für Fußböden, Fässer, Brücken, Dachstühle, Musikinstrumente oder Schnitzarbeiten gedacht ist. Natürlich muß auch die Holzart Beachtung finden, sowie das Alter und die Wuchsform. Holz wächst *geradelaufend, rechtsdrehend* oder *linksdrehend* (an der Rinde erkennbar). Der Unterschied ist leicht herauszufinden: Ein rechtsdrehender Baum schraubt sich nach oben wie ein senkrecht in die Höhe gehaltener Korkenzieher. Auch dieser ›Drehsinn‹ muß bei der jeweiligen Verwendung des Holzes berücksichtigt werden:

linksdrehendes Holz

rechtsdrehendes Holz

Dachschindeln etwa sollten gerade oder leicht nach links laufen. Bei nassem Wetter streckt sich das Holz, bei Sonne krümmt sich das Holz nur leicht und läßt Luft zur Trocknung unter die Schindel dringen.

Bei hölzernen *Dachrinnen,* die manchmal noch verwendet werden, ist es umgekehrt: Das Holz sollte gerade laufen oder etwas nach rechts drehen, weil rechtsdrehendes Holz nach dem Fällen ›stehenbleibt‹ – das heißt, die Drehung setzt sich nicht fort. Linksdrehendes Holz würde die Dachrinne nach und nach verbiegen, das Wasser würde ausgeschüttet.

Merkwürdig ist, daß linksdrehendes Holz nach dem Fällen stärker arbeitet als rechtsdrehendes oder geradelaufendes. Zudem schlagen Blitze ausschließlich in linksdrehende Bäume ein – eine nützliche Information, wenn Sie im Wald von einem Gewitter überrascht werden: Stellen Sie sich nur unter geradelaufenden oder rechtsdrehenden Bäumen unter.

Auch heute noch werden die Fällungszeiten in Tirol und in vielen anderen Ländern beachtet. Bei manchen Holzhändlern werden Sie ein Augenzwinkern ernten und zu einem besonderen Holzstapel geführt, wenn Sie zur rechten Zeit geschlagenes Holz verlangen. Holzhandelsfirmen in einigen Teilen der Welt, etwa in Brasilien und in der Südsee, schließen Lieferantenverträge, in denen die Holzfäller verpflichtet werden, nur zu bestimmten Zeiten geschlagenes Holz zu verkaufen.

Natürlich achten viele nicht mehr auf den günstigen Zeitpunkt, sei es aus organisatorischen Gründen, weil der Arbeit zu wenig Bedeutung beigemessen wird oder ganz einfach, weil das Wissen nicht mehr vorhanden ist. Obendrein erscheint das Achten auf den richtigen Zeitpunkt auf den ersten Blick vielleicht umständlich und aufwendig, aber das ist es durchaus nicht. Die Arbeit muß ja ohnehin getan werden. Wer auf zur rechten Zeit geschlagenes Holz achtet, dessen Arbeit lohnt sich um ein Vielfaches.

»Im Lauf der letzten Jahre habe ich einige Menschen kennengelernt, die noch nie etwas von den Regeln zum richtigen Zeitpunkt des Holzschlagens gehört hatten, aber die bereit waren, das alte Wissen auf die Probe zu stellen. Alle waren überrascht über das Resultat und wie sicher diese Einflüsse auch heute noch stimmten.«

Für die Industrie kann das allerdings Konsequenzen haben: Ihre Produkte – Möbel, Brücken, Gebäude, Werkzeuge, Bauholz und vieles mehr – würden viel haltbarer werden, und obendrein jeden Aufwand an *Holzschutzmaßnahmen überflüssig* machen. Sie sind somit für die ›Wirtschaft‹ in einer Wegwerfgesellschaft nicht mehr so interessant. Ausdrücklich ist aber zu betonen, daß es vernunftbegabte und naturverbundene Menschen schon längst gemerkt haben: Eine solche Gesellschaft kann auf Dauer nicht überleben. Natürlich genießt jeder gern die Vorteile von Wissenschaft, Technik und Fortschritt, ohne sich allzu viele Gedanken über die Nachteile zu machen. Doch wenn es Möglichkeiten zur Behebung des Abfallproblems gibt, wenn das Waldschlachten gebremst werden kann, wenn man weniger Gifte in die Umwelt entlassen kann, dann sollte jeder von diesen Möglichkeiten erfahren und sie nutzen können. Vielleicht ist anfänglich eine Holzbank oder ein Schrank aus zur rechten Zeit geschlagenem Holz noch etwas teurer, etwa, weil es sich nur Kleinbetriebe leisten können, auf die Zeiten genauer zu achten, oder einfach, weil die Nachfrage das Angebot übersteigt.

Vielleicht schließen sich aber auch in Zukunft Architekten, Schreiner, Zimmererleute und Innenausbauer zusammen und verpflichten sich gemeinsam, nach den alten Regeln geschlagenes Holz zu verwenden. Weil sie erkannt haben, daß Umweltverträglichkeit, Qualität und Langlebigkeit bei immer mehr Menschen zum wichtigsten Faktor bei der Kaufentscheidung wird.

In Zeiten wie heute, wo ›biologisches‹ Hausbauen allmählich in den Vordergrund tritt, würden sich genügend Kunden finden, die solche Dinge sehr zu schätzen wüßten. Jeder Bauherr, der ein solches Haus in Angriff nimmt, ist darauf bedacht, möglichst umweltfreundlich zu bauen. Wirft sein Dachstuhl aber nach wenigen Jahren Bögen oder zerreißt das Holz, dann kann auch der beste Wille manchmal verzweifeln. Auch kann man oft beobachten, daß in bester Absicht naturbelassenes Holz, etwa im Fassadenbau, nach Jahren doch noch mit Imprägnierungsmitteln nachbehandelt werden muß. Der gute Wille war zwar vorhanden, doch immer feuchter werdendes Holz oder drohendes Verfaulen läßt so manchen Bauherren resignieren. Alle Probleme dieser Art ließen sich vermeiden, wenn man nach dem Mondstand geschlagenes Holz verwenden würde. (Zukünftige Bauherren seien hier noch einmal an das kurze Kapitel über den *Wasser- und Wegebau* verwiesen: Sämtliche Ratschläge darin gelten in gleicher Weise für das Anlegen von Wegen und Hauszufahrten, für das Verlegen von Platten beim Hausneubau oder beim Renovieren, ob auf dem Land oder in der Stadt.)

Wer sich nun die berechtigte Frage stellt, wo er denn heute schon zum rechten Zeitpunkt geschlagenes Holz finden kann, dem können wir nur den Tip geben, das Telefon zu bemühen: Werfen Sie einen Blick ins Branchentelefonbuch und rufen Sie Holzhandelsfirmen an. Fragen Sie, ob man den Fällungszeitpunkt erfahren kann. Lassen Sie sich von den Holzwirtschaftverbänden Adreßlisten der Mitgliedsfirmen kommen. Besorgen Sie sich eventuell das Branchentelefonbuch Tirols, wo manche Firmen heute noch auf die richtigen Zeiten achten. Bleiben Sie am Ball und lassen Sie sich nicht abspeisen. Der Kunde ist König!

Wer mit offenen Augen durchs Leben geht, findet an vielen Orten, etwa in den Alpen und besonders in Museumsdörfern, lebendige Zeugnisse von der Gültigkeit der Regeln zum richtigen Zeitpunkt des Holzschlagens: So ist es einfach undenkbar, daß unsere Vorfahren Bauernhäuser, Almhütten und Brücken gebaut hätten, die jahrhundertelang bis heute jedes Wetter überstanden haben, ja, die sogar Kamine aus Holz hatten, wenn sie nicht im Besitz dieses Wissen gewesen wären. Forstwirte können jederzeit ihre eigene Erfahrung zu Hilfe nehmen, wenn sie an der Gültigkeit der Regeln zweifeln sollten: Sie wissen beispielsweise, daß sich die Waldschäden nach Stürmen völlig unterschiedlich auf die Holzqualität auswirken. Das Holz entwurzelter Bäume ist ohnehin unbrauchbar als Bau- und Möbelholz, doch die Qualität als Brennholz und für andere Zwecke und die Anfälligkeit für Schädlinge ist immer wieder anders. Waldschäden etwa an Skorpiontagen wirken sich katastrophal aus: Der Borkenkäfer fällt über das Holz her wie die Maus über den Käse, vermehrt sich und befällt dann auch gesunde Bäume. Diese Erfahrung müssen auch Forstwirte machen, die einen Wald ausgerechnet bei Skorpion auslichten und säubern, weil sie die richtigen Tage für diese Arbeit nicht kennen.

Vielleicht steht sogar in der Bibliothek des Forstamtes ein altes Buch, das Forstordnungen aus früheren Jahrhunderten enthält. Sie sprechen eine deutliche Sprache und geben genaue Anweisungen für die Termine des Holzschlagens unter Beachtung der Mondrhythmen und bei Androhung ›gebührlicher Strafen‹ im Falle der Mißachtung. Mancher pensionierter Förster mag sich auch noch an Erzählungen seines eigenen Großvaters erinnern, der davon berichtet, wie peinlich genau sich die Waldbauern früher nach den günstigsten Zeiten für die verschiedenen Holzarten richteten und ausgefeilte Jahrespläne für das Holzschlagen erstellten. Das ist nötig, weil die jeweils besten Zeiten von einem Jahr zum anderen stets etwas unterschiedlich ausfallen und manche Termine gar nur alle paar Jahre vorkommen. Holzschutzmittel waren unbekannt, weil die Wahl des jeweils richtigen Zeitpunkts bei der Holzqualität die jeweils gewünschten Effekte erzielte.

Nicht nur in bezug auf die Termine des Holzschlagens und die Holzqualität werden die Regeln auf den nächsten Seiten für Forstwirte von großem Interesse sein. Das allgemeine

Waldtöten, die Unzahl kranker Bäume in unseren Wäldern zählt ja zu ihren größten Problemen. Erinnern möchten wir deshalb hier an eine Regel aus Kapitel III: Der große Hagelschlag vom 12. Juli 1984 brach bei vielen Nadelbäumen in München und Umgebung die Spitzen ab. Sie begannen daraufhin, langsam von oben her zu faulen und gingen schließlich zugrunde. Die zugehörige Regel ist so wichtig, daß sie hier noch einmal wiedergegeben ist:

> **Alle Bäume, die nicht mehr wachsen wollen, kümmern oder krank sind, können in den meisten Fällen erfolgreich behandelt werden, wenn man bei abnehmendem Mond – im IV. Viertel oder am besten bei Neumond – die Spitze entfernt, bzw. bei Laubbäumen mehrere Astspitzen aus der Krone.**
>
> **Die Spitze sollte jeweils knapp über einem Seitenzweig entfernt werden, der sich als neue Spitze eignet, wenn er nach oben wächst.**

Als der Hagel damals am 12. Juli bei Vollmond die Spitzen abbrach, hatte die Natur das Gegenteil bewirkt. Der Verlust der Spitzen bei diesem Datum bedeutet den fast sicheren Tod des Baums, er fault von der Spitze her. Forstwirten wäre dringend anzuraten, einen Versuch zu wagen und bei einigen Bäumen diese Methode anzuwenden. Das Abschneiden von Baumspitzen wird keinen Fabrikschornstein verstopfen, keine Auspuffgase säubern, doch den Versuch ist es wert.

Doch nun zum Holzschlagen selbst: Auf den folgenden Seiten werden Sie auch mit vielen besonderen Rhythmen bekanntgemacht: *Regeln und besondere Termine, die vom Mondstand generell völlig unabhängig sind.* Sie rechtfertigen sich selbst nur durch das Ergebnis, das ihre Anwendung bringt – also schreiten Sie getrost zur Tat.

Der richtige Zeitpunkt des Holzschlagens

Fast alle Menschen, die mit Holzfällen und Holzverarbeitung zu tun haben, wissen, daß der Winter im allgemeinen die beste Zeit zur Holzgewinnung ist. Die Säfte sind abgestiegen, das Holz ›arbeitet‹ nach dem Schlagen weniger. Darüber hinaus gibt es jedoch eine Vielfalt besonderer Termine, die auf die Holzeigenschaften deutlich merkbare Einflüsse haben.

Das folgende, schon recht umfassende Regelwerk stammt aus sehr alter Zeit, die vorliegende Abschrift ist auf das Jahr 1912 datiert. Alle Regeln, die dieses alte Dokument angibt, sind nach wie vor gültig. Sie geben genaue Hinweise auf die jeweils zu erzielenden Holzeigenschaften.

Das Regelwerk bedarf natürlich der ›Übersetzung‹, um heute für jedermann verständlich zu werden. Hier die Erklärung dazu, sowie viele zusätzliche Hinweise, geordnet nach der jeweils gewünschten Holzqualität beziehungsweise der Absicht, die bei einem bestimmten Termin verfolgt wird:

›Schwendtage‹ – Roden und auslichten

Jeder Nutzwald bedarf der Pflege. Wer etwa einen Wald oder Waldrand auslichten und säubern möchte, wer abholzen und neu anpflanzen will, der achtet auf die ›Schwendtage‹ (Rodungstage), nach dem Regelwerk also auf *den 3. April, den 30. Juli und den Achazitag (22. Juni).* Noch besser wird das Ergebnis der Arbeit sein, wenn diese Tage auf den abnehmenden Mond oder auf einen ›Frauentag‹ fallen. An diesen Tagen abgeholzte Bäume und Sträucher wachsen nicht mehr nach.

›Frauentage‹ sind Marienfeiertage wie Maria Himmelfahrt oder Maria Lichtmeß. Diese Tage sind jedem Bauernkalender zu entnehmen (etwa der 15. August und der 8. September).

Alternativtage zum Roden sind die *letzten drei Tage des Februar,* wenn sie auf einen abnehmenden Mond fallen. Jetzt

ZEICHEN ZUM HOLZSCHLAGEN UND SCHWENDEN

Von Ludwig Weinhold

Von Michael Ober, Wagnermeister in St. Johann in Tyrol aufgeschrieben, abgeschrieben von Josef Schmutzer am 25. Dezember 1912

1. Schwendtage sind der 3. April, der 30. Juli und am Achazitag, besser noch, wenn selbe noch im abnehmenden Mond oder an einem Frauentag.
   Diese Tage sind auch für Kugeln und Schrotgießen gut.
2. Das Holzschlagen, daß es fest und gleim bleibt, ist gut die ersten acht Tage nach dem Neumond im Dezember, wenn ein weiches Zeichen darauf fällt.
   Krechtholz, bzw. Machlholz, Buchen usw. zu schlagen, daß es gleim bleibt und fest wird, soll sein der Neumond und der Skorpion.
3. Holzschlagen, daß es nicht fault, soll sein die zwei letzten Tage im März im abnehmenden Fisch.
4. Holzschlagen, daß es nicht brennt, ist nur ein Tag, der im Monat März, noch besser nach Sonnenuntergang, der 1. März.
5. Holzschlagen, daß es nicht schwind, soll sein der dritte Tag im Herbst. Herbstanfang am 24. September, wenn der Mond drei Tage alt ist und an einem Frauentag, wo der Krebs drauffällt.
6. Brennholz zu arbeiten, daß es gut nachwächst, soll sein im Oktober, im ersten Viertel aufnehmenden Mond.
7. Sägeholz soll geschlagen werden im aufnehmenden Fisch, so werden die Bretter nicht wurmig, ebenso die Hölzer.
8. Zu Brücken und Archen soll man Holz schlagen im abnehmenden Fisch oder Krebs.
9. Holz zu schlagen, daß es gering wird, soll sein im Skorpion und im August. Im Stier geschlagen, so der Mond im August einen Tag abgenommen hat, bleibt es schwer.
10. Holz zu schlagen, daß es nicht kluftig wird oder aufgeht, soll geschehen vor dem Neumond im November.
11. Holz zu schlagen, daß es nicht zerreißt, den 24. Juni zwischen 11 und 12 Uhr.
12. Krechtholz oder Machlholz soll geschlagen werden den 26. Februar im abnehmenden Mond, noch besser, wenn der Krebs darauf einfällt.

Diese Zeichen sind alle bewiesen und ausprobiert.

geschlagenes Holz wächst nicht mehr nach, sogar die Wurzel verfault.

Werkzeug- und Möbelholz

›Gleim‹ bedeutet ›wie geleimt‹, das Holz bleibt fest, verzieht sich nicht, trocknet nicht ›auseinander‹, behält sein Volumen – wichtig etwa bei Stoßkanten von Boden- und Tischbrettern. Während der ersten *acht Tage nach dem Dezemberneumond in Wassermann oder Fische* geschlagen, erhält man diese Holzqualität.

Die Ausdrücke ›Krechtholz‹ und ›Machlholz‹ sind heute nicht mehr in Gebrauch. *Krechtholz* ist ›gerechtes, rechtes Holz‹ – Holz, aus dem Werkzeuge und Arbeitsgeräte (Besenstiele, Äxte) gefertigt werden. Es muß hart, griffig und leicht sein. *Machlholz* ist Holz, aus dem etwas ›gemacht‹ wird: Möbelstücke, Truhen, Schränke und dergleichen.

Wenn der *Neumond auf den Skorpion* fällt, also meist im Novemberneumond, hat das geschlagene Holz die gewünschten Eigenschaften. Allerdings sollte es *sofort entrindet* werden: Für den Borkenkäfer ist bei Skorpion geschlagenes oder von einem Sturm entwurzeltes Holz das Signal zum Angriff. Er vermehrt sich dann prächtig und befällt auch gesunde Bäume.

Die 12. Regel gibt hier als gleichwertige Alternative den *26. Februar an, wenn er auf den abnehmenden Mond fällt* (was nicht immer der Fall ist), besonders wenn gleichzeitig der Mond im Zeichen *Krebs* steht (wie etwa 1989).

Nichtfaulendes, hartes Holz

Nichtfaulendes Holz muß während der letzten beiden Tage im März bei abnehmendem Mond im Fisch geschlagen werden. Diese Tage kommen nicht jedes Jahr vor. Früher achtete man deshalb besonders auf sie oder schlug das Holz an Alternativtagen:

Das sind Neujahrstag, 7. Januar, 25. Januar, 31. Januar und 1. und 2. Februar. In diesen sechs Tagen geschlagenes Holz fault und wurmt nicht.

An *Neujahr* und von *31. Januar bis 2. Februar* geschlagenes Holz wird zudem mit dem Alter steinhart.

Aus solchem Holz dürften die Fundamente der ›schwimmenden‹ Prachtbauten Venedigs bestehen. Wären sie nicht am richtigen Tag geschlagen worden, wäre die grandiose Stadt wohl schon endgültig im Wasser versunken. Die Restaurierung der Fundamente mit solchem Holz wäre die ideale Lösung, denn seine Haltbarkeit läßt sich am Alter des jetzigen Holzes ablesen. Jede andere Lösung (Beton, Stahl etc.) ist langfristig ungeeignet.

Auch für Landungsstege und hohe Pfahlbauten ist dieses Holz geeignet.

Alternativtage sind *warme Sommertage bei zunehmendem Mond:* Das Holz eignet sich für Pfahlgründungen im Wasser, für Schiffs- und Badestege. Es steht im Vollsaft und sollte gleich eingebaut werden.

Nichtentflammbares Holz

Wer einmal ein Museumsdorf (etwa Kramsach in Tirol) besucht hat, mit seinen jahrhundertealten Gebäuden, Stadeln, Gerätschaften und Werkzeugen, hat sicher auch Ofenbänke, Ofen- und Pfannenhölzer, Brotschaufeln und hölzerne Kamine gesehen. Merkwürdig, daß sich kaum jemand die Frage stellt, warum die halbrunden Pfannenhölzer, mit denen glühendheiße Töpfe und Pfannen vom Ofen gehoben wurden, so langlebig waren und sogar Jahrhunderte überdauerten, ohne zu verbrennen. Oder warum direkt dem Feuer ausgesetztes Holz (für Holzkamine oder Ofenhölzer) nicht brannte? Es war zwar angeschwärzt, doch weder brannte noch glühte es. Vielleicht fiel Ihnen aber auch schon einmal eine Packung Streichhölzer in der Hände, die partout nicht brennen wollten? Des Rätsels Lösung: Es gibt bestimmte Zeiten, deren Impulse für nichtbrennbares Holz sorgen.

> **Am 1. März, besonders nach Sonnenuntergang, geschlagenes Holz widersteht dem Feuer – unabhängig vom Mondstand und vom Zeichen, das der Mond gerade durchwandert.**

Eine seltsame, jedoch gültige Regel: Wer sie ausprobiert, wird sie bestätigt finden. Viele Geräte, Hofgebäude, Stadel, Blockhäuser und Almhütten wurden früher aus diesem Holz gebaut, um sie feuersicher zu machen.

> *»Mein Elternhaus, das 1980 von innen völlig ausbrannte, war aus solchem Holz gefertigt. Das Metall landwirtschaftlicher Geräte darin war hernach teilweise geschmolzen, so groß war die Hitze. Das Gebäude selbst blieb stehen, das Holz war nur außen verkohlt. Als es mit einem Traktor abgebrochen werden sollte, gab das Holz nicht nach. Das Haus mußte schließlich Stamm für Stamm abgesägt werden. Dabei stellte sich heraus, daß nur wenige Millimeter der obersten Holzschicht angekohlt war, das Innere war völlig unberührt geblieben. Ein Teil des Holzes wurde anschließend bei zwei Neubauten wiederverwendet.«*

Als Alternativtag zum Schlagen von feuersicherem Holz kommen der *Neumond* in Frage, jedoch nur, wenn er gerade auf das Sternzeichen *Waage* fällt (nur ein- oder zweimal im Jahr): Dieses Holz schwindet nicht und kann grün, ohne Trocknen, verarbeitet werden. Fast gleich gut geeignet sind der *letzte Tag vor dem Dezemberneumond und die letzten 48 Stunden vor dem Märzneumond.*

Schwundfreies Holz

Für viele Anwendungsbereiche ist es wichtig, daß Holz nicht ›schwindet‹ – das heißt, daß sich sein Volumen nicht verringert. Solches Holz wird am besten am *St. Thomastag (21. Dezember) zwischen 11 und 12 Uhr* geschlagen. Dieser Tag ist der beste Holzschlagetag überhaupt. Danach sollte Holz – mit einigen Ausnahmen – während des Winters nur noch *im abnehmenden Mond* geschlagen werden.

Alternativen für das Schlagen von nicht schwindendem Holz sind die *Februarabende nach Sonnenuntergang im abnehmenden Mond, der 27. September, monatlich die drei Tage nach Neumond und Frauentag*e (u. a. 15. August und 8. September), wenn diese auf *Krebs* fallen. Auch das bei *Neumond im Zeichen Waage* geschlagene Holz schwindet nicht und kann sofort verarbeitet werden. Im Februar nach Sonnenuntergang geschlagenes Holz wird obendrein mit dem Altern steinhart.

Brennholz

Trotz allem ist natürlich die gute *Brennbarkeit* eine oft erwünschte Eigenschaft von Holz. Obendrein will man zur Brennholzgewinnung nicht immer gleich den ganzen Wald roden, deshalb wäre es günstig, wenn der Wald gut nachwächst.

Die Regel besagt, daß solches Brennholz am besten im *Oktober im I. Viertel des zunehmenden Mondes* geschlagen wird, also während der ersten sieben Tage nach dem Oktoberneumond.

Generell sollte Brennholz jedoch *nach der Wintersonnwende bei abnehmendem Mond* gefällt werden. Der Wipfel sollte dabei nicht gleich abgenommen werden und im Gebirge einige Zeit talwärts liegen, weil er dann den letzten Saft herauszieht.

Bretter-, Säge- und Bauholz

Für Bretter- und Sägeholz eignet sich die Zeit des *zunehmenden Mondes im Fisch,* weil die Bretter und Hölzer dann nicht von Schädlingen befallen werden. Das Sternzeichen Fische taucht nur von September bis März im zunehmenden Mond auf.

Brücken- und Bootsholz

Sind Sie schon einmal bei Regen über eine Holzbrücke gegangen? Man tut gut daran, sich fest am Brückengeländer anzuhalten, so schlüpfrig und rutschig sind sie zuweilen. Auch Floßfahrten können zu endlosen, mitunter gefährlichen Rutschpartien werden, wenn das Floßholz am ›falschen‹ Tag geschlagen wurde. Alte hölzerne Bergbachbrücken in den

Alpen dagegen sind trittsicher, verfaulen nicht und scheinen für die Ewigkeit gebaut, ohne jede Behandlung mit Holzschutzmitteln.

Daß heute die Alpenvereine und Fremdenverkehrsverbände beim Bau von Holzbrücken auf solche Einflüsse offensichtlich nicht mehr achten, hat jeder Bergwanderer schon erfahren müssen. So mancher Tourist müßte nicht mit verstauchten Gelenken von der Bergwacht abgeholt werden, wenn die Regeln vom richtigen Zeitpunkt des Holzschlagens mehr beachtet werden würde.

Holz für Brücken, Schiffskähne und Flöße sollte bei *abnehmendem* Mond in einem *Wasserzeichen* (Fisch oder Krebs) geschlagen werden. Es fault und verrottet nicht und ist trittsicher.

Auf diese Regel wurde früher auch bei der Wahl des Holzes für Waschtische geachtet, die ja ständige Feuchte aushalten müssen und nicht schlüpfrig sein sollen.

Skorpion ist zwar ebenfalls ein Wasserzeichen, als Fällungszeit jedoch nicht so geeignet, weil das Holz dann für diesen Zweck zu leicht wird und auch für Schädlingsbefall anfällig ist.

Boden- und Werkzeugholz

Besenstiele und anderes Werkzeugholz soll geschmeidig und fest in der Hand liegen, nicht leicht brechen, biegsam und vor allem leicht (›gering‹) sein. Die beste Zeit für solches Holz sind die *Skorpiontage* im August, die fast stets kurz vor dem Vollmond liegen.

Soll es die gleichen Eigenschaften haben, aber schwer bleiben (etwa für stark beanspruchte Holzböden), wählt man *den ersten Tag nach Vollmond,* wenn er auf das Sternzeichen *Stier* fällt (kommt nicht jedes Jahr vor).

Reißfestes Holz

Holz, das nicht rissig werden und von Anfang an nicht mehr arbeiten soll – etwa für Möbel und Schnitzwerk –, wird am besten in den *Tagen vor dem Novemberneumond* geschlagen.

Gleichwertige Alternative sind der *25. März, der 29. Juni und der 31. Dezember.* Holz, an diesen drei Tagen geschlagen, springt und reißt nicht auf, doch muß der Wipfel gegen das Tal fallen, beziehungsweise auf ebenem Gelände noch etwas länger am Baum bleiben, um den letzten Saft herauszuziehen.

Holz, das schnell verbaut werden soll, etwa nach einem Brand zum schnellen Wiederaufbau, darf keinesfalls später reißen. Die beste Zeit dafür ist der *24. Juni zwischen 11 und 12 Uhr mittags (12 und 1 Uhr Sommerzeit!).* Früher war das eine besondere Zeit: In Scharen rückten die Holzfäller aus und sägten eine Stunde lang, was das Klingenblatt hergab. Das Holz wurde alsbald in Dachstühle und dergleichen verbaut.

Bestes Brückenholz wird daraus, wenn gleichzeitig noch Neumond im Krebs herrscht. Diese Regel ist heute so gültig wie eh und je.

Christbäume

Zum Schluß ein Tip für die ›stille Jahreszeit‹: **Tannen**, *drei Tage vor dem elften Vollmond* des Jahres geschlagen (meist im November, manchmal aber auch im Dezember), behalten ihre Nadeln sehr lange Zeit. Früher erhielten diese Bäume vom Förster einen ›Mondstempel‹ und waren etwas teurer als die anderen Christbäume. Auch **Fichten** nadeln dann nicht, sollten aber bis Weihnachten kühl gelagert werden. Sie verlieren dennoch ihre Nadeln früher als Tannen.

> *»Ein Verwandter von mir besitzt einen solchen Christbaum schon über 30 Jahre lang, und dieser trägt seine Nadeln noch immer. Ich selbst habe immer noch den ersten Adventskranz nach meinem Umzug nach München 1969. Wenn ich ein paar Nadeln abreiße, duften sie noch heute.*
>
> *Drei Tage vor dem elften Vollmond Zweige für Adventsgestecke zu sammeln, wäre eine gute Idee, weil dann schön gedeckte Adventstische nicht ständig mit Nadeln übersät sind. Die Kenntnis dieser Regel sollte Sie natürlich nicht veranlassen, in den Wald zu marschieren und dort Ihren Christbaum zu ›wildern‹.«*

Natürlich kann man seinen Christbaum nicht immer genau drei Tage vor dem elften Vollmond geschlagen bekommen. Deshalb noch der Hinweis, daß Christbäume und Gestecke auch dann länger halten und weniger rasch nadeln, wenn generell auf den zunehmenden Mond als Termin geachtet wird.

Auch Trockengestecke aus Blumen, die sich zum Trocknen eignen, haben, bei zunehmendem Mond gepflückt, eine größere Haltbarkeit.

V

Der Mond als ›Helfer‹ in Haushalt und Alltag

Das Weiche besiegt das Harte,
das Schwache triumphiert über das Starke.
Das Geschmeidige ist stets dem Unbeweglichen überlegen.
Das ist das Prinzip der Beherrschung der Dinge,
indem man sich mit ihnen in Einklang bringt,
das Prinzip der Meisterschaft durch Harmonie.

LAO TSE

Daß die Mondrhythmen gerade im Haushalt und im Stadtleben in Vergessenheit geraten sind, ist kein Wunder. Der Wind, der seit 45 Jahren aus dem ›Land der unbegrenzten Möglichkeiten‹ weht, trägt eine besondere Botschaft: Freiheit und Selbstverwirklichung sind höherwertige Grundrechte als die Verpflichtung gegenüber sich selbst, dem Nächsten und der Natur.

Allmählich gewann der westlich zivilisierte Mensch die Überzeugung, daß Strom aus der Steckdose kommt, daß ein scharfes Putzmittel, wenn es im Ausguß landet, sich in Luft auflöst, daß alles Leben aus dem Fernseher kommt. Und vor allem: daß er ein Recht auf schnelle Wirksamkeit hat, sei es von Putz-, Heil- oder sonstigen Mitteln.

Natürlich entwickelten sich im Laufe der Zeit viele Zwänge aus diesem ›Recht‹: Doppelverdienende Familien sind gezwungen, Hausarbeit nebenbei und mit ›schnell wirksamen‹ Mitteln und Geräten zu machen. Unterstützt von Werbung und Psychologie verkam Hausarbeit zum notwendigen Übel, jedes Versprechen von Erleichterung wurde freudig aufgenommen, ohne Rücksicht auf die Wirkungen, auf gewaltig steigenden Stromverbrauch (der zu einem hohen Prozentsatz nicht der Industrie, sondern den Haushalten anzulasten ist) und auf die Umweltbelastung. Fast könnte man eine mathematische Gleichung aufstellen: Je teurer und je schneller wirksam, desto giftiger für Mensch und Umwelt. Stolz und Befriedigung, die ein gut geführter Haushalt in Harmonie mit den Rhythmen der Natur bringen können, wurden nicht mehr zugelassen.

Glücklicherweise ist heute das Bewußtsein, daß es so nicht weitergehen kann, gestiegen. Die Auswirkungen der Kurzsichtigkeit holen uns ein und haben bei vielen Menschen den guten Willen ausgelöst, die ›Wisch und weg‹-Gesellschaft etwas genauer zu betrachten und dann ihren Beitrag zu leisten, wieder zu naturschonenden Mitteln und Prozeduren zurückzukehren. Manche von ihnen sind jedoch nahe daran zu resignieren, weil im Haushalt in vielen Fällen nur das aggressive und giftige Mittel zu wirken scheint. Für solche Menschen kann es eine Offenbarung bedeuten, sich nach den Mondrhythmen zu richten.

Haushaltsarbeit in Harmonie mit den Mondrhythmen ist leichter und angenehmer auszuführen und verringert damit das ohnehin schon hohe Streßquantum, unter dem viele Menschen ächzen. Viele Tips für den Alltag im Haushalt verbergen sich schon in den vorhergehenden Kapiteln (Gesunde Ernährung, Kochen, Kräuterkunde, Innenausbau etc.), doch es bleibt immer noch vieles zu sagen und manches zu wiederholen.

Gerade im Haushalt kann man die Gültigkeit der Regeln oft sehr schnell beobachten und überprüfen.

Fast alle Hausarbeiten – die ja oft mit Reinigen, Entziehen und ›Ausschwemmen‹ zu tun haben – lassen

sich viel erfolgreicher und müheloser bei abnehmenden Mond erledigen.

Es ist natürlich unmöglich, alle Arbeiten im Haushalt auf den abnehmenden Mond zu schieben und bei zunehmendem Mond nur noch Däumchen zu drehen, doch wenn es Ihnen gelingt, allmählich einen Teil der Arbeitslast auf diese Mondphase zu verlegen, werden Sie überrascht sein über die Wirkung, die schon von geringen Verschiebungen ausgeht.

Lassen Sie Ihre eigenen Erfahrungen sprechen: Es gibt Zeiten, da fällt jede Hausarbeit leicht, zu anderen Zeiten will sie einfach nicht enden. In der Praxis stellt man oft fest, daß Dinge (Möbel, Fußböden, Wäsche, Fenster etc.) schneller und leichter sauber werden als an anderen Tagen, ohne den Grund dafür benennen zu können. Manchmal geht alles mühelos, manchmal steckt der Teufel im Detail.

Das gilt im besonderen für das Wäschewaschen, jedoch davon ausgehend, daß Sie nicht mit scharfen Mitteln und übertriebenem Einsatz von Chemie an Ihre Sachen herangehen und nicht regelmäßig übergroße Mengen von Waschmittel verwenden. Sonst kann es passieren, daß Sie die folgenden Beobachtungen nicht nachvollziehen können. Die Wirkung der Mondrhythmen ist so subtil, daß es nicht naheliegt, sie unmittelbar ›verantwortlich‹ zu machen. Die Kräfte existieren jedoch und können langfristig von großem Nutzen werden.

Wenn Sie erst einmal diesen Rhythmus ausprobiert haben, dann werden Sie viel Freude und Schwung in diese aufwendige Arbeit bringen. An manchen Tagen geht vieles fast wie von selbst.

Problemflecken lösen sich beispielsweise bei abnehmendem Mond viel schneller als bei zunehmendem Mond – vorausgesetzt, Sie ignorieren von vorneherein die viel zu hohen Mengenempfehlungen der Waschmittelhersteller und verzichten auf scharfe Mittel. Noch erfolgreicher gelingt die Reinigung, wenn auf einen Wassertag geachtet wird (Fische,

Krebs, Skorpion). Obendrein wird die Umwelt geschont, weil bei abnehmendem Mond das Abwasser leichter abgebaut wird.

»Ich persönlich verwende bei abnehmendem Mond, wo ich den größten Teil meiner Wäsche erledige, nur ein Viertel der vorgeschriebenen Waschmittelmenge. Mit dem Verkalken der Waschmaschine habe ich auch keine Probleme. Wenn ich im Sieb etwas Kalk entdecke, kommt einfach ein wenig Essig ins Wasser. Ich glaube schon, daß ich so täglich meinen persönlichen Beitrag zum Umweltschutz leisten kann.«

Machen Sie doch einen einfachen Test: Legen Sie bei abnehmendem Mond ein stark verschmutztes Wäschestück ins volle Waschbecken und fügen Sie Waschmittel oder Schmierseife hinzu. Tun Sie dasselbe bei zunehmendem Mond und gleichen Bedingungen und vergleichen Sie, was geschieht. Das Ergebnis wird Sie überraschen: Bei zunehmendem Mond bleibt die Lauge schön und die Wäsche schön schmutzig. Bei abnehmendem Mond löst sich der Schmutz; schon an der Lauge erkennt man, wohin der Schmutz gewandert ist. Vielleicht haben Sie auch schon die Erfahrung gemacht, daß manchmal alles besonders frisch und luftig riecht, obwohl Waschgang und Waschmittelmenge die gleichen waren.

Ob eine Arbeit gut oder schlecht von der Hand geht, ob der Raum oder die Wäsche zufriedenstellend sauber werden, hängt viel vom Zeitpunkt der Arbeit ab. Die Faustregel im Haushalt lautet also: *Bei abnehmendem Mond geht alles leichter.*

In loser Folge nun eine Reihe von speziellen Tips zur Arbeit im Haushalt und Alltag. Wenn bei einem Hinweis auch noch besondere Sternzeichen angegeben sind, dann soll das nicht heißen, daß sich die Arbeit nur an diesen Tagen lohnt, sondern daß sie dann *besonders gut* gelingt.

Waschen, putzen und reinigen

Waschtag

Gerade in kinderreichen Familien ist es unmöglich, alle Wäsche, die im Haushalt anfällt, nur bei abnehmendem Mond zu waschen. Im Vertrauen auf Ihren Erfindungsreichtum sollten Sie zumindest den Versuch unternehmen, das Hauptgewicht der Arbeit auf den abnehmenden Mond zu verlegen. Die Ergebnisse dieser Umstellung werden für sich selbst sprechen und die Inspiration wecken, weitere Änderungen in Ihren Arbeitsabläufen vorzunehmen.

Der rechte Zeitpunkt: Bei abnehmendem Mond gewaschene wird Wäsche sauberer, besonders an Wassertagen (am besten an Fischetagen, aber auch an Skorpion und Krebs).

Der zunehmende Mond führt zu stärkerer Schaumbildung, hartnäckige Flecken bleiben im Wäschestück.

Dieser Rhythmus – die meiste Wäsche bei abnehmendem Mond zu waschen – spart viel Waschpulver, das Gewebe wird geschont und bleibt haltbarer, hartnäckige Flecken lassen sich viel leichter entfernen.

Ein Tip für Fettflecken (besonders Wagenschmiere oder Fahrradölflecken): Bei abnehmendem Mond an einem Wassertag mit etwas Schmalz einreiben. Anschließend ›normal‹ waschen.

Umweltbewußte Mitmenschen machen oft die Erfahrung,

daß manchen Flecken gerade mit natürlichen Methoden nicht beizukommen ist. Solche ›wertvollen Streiter‹ für eine bessere Umwelt werden sich besonders freuen, wenn sie die Beachtung der Mondphasen als erfolgreich erfahren können.

Chemische Reinigung

Wertvolle und empfindliche Kleidungsstücke – Lammfell, Leder, Daunen, Seide, etc. – sollte man nur bei *abnehmendem* Mond in die chemische Reinigung geben. Das Gewebe nimmt dann keinen Schaden, die Kleidung bleibt haltbarer, und die Farben gehen nicht aus. Wenn möglich, sollte bei der chemischen Reinigung generell das Zeichen *Steinbock* vermieden werden – es sorgt für den gefürchteten ›Glanz‹ auf den Kleidungsstücken.

Besonders Saisonkleidung sollte nur bei abnehmendem Mond gewaschen oder gereinigt werden, bevor sie für ein halbes Jahr oder länger im Schrank verschwindet.

Holz- und Parkettböden

Holzböden sollten nur bei *abnehmendem* Mond gründlich geschrubbt werden. Bei zunehmendem Mond sollte nur gekehrt oder bei einem Luftzeichen feucht gewischt werden. Wenn Sie bei einem Wasserzeichen im zunehmenden Mond feucht wischen, kann die Feuchtigkeit in die Ritzen dringen, das Holz verzieht sich oder fault gar nach längerer Zeit.

Fenster und Glas

Oft bleiben beim Fensterputzen auch unter Einsatz von reinem Spiritus Streifen und Schlieren zurück. Wenn Sie allerdings auf den *abnehmenden* Mond und einen *Luft- oder Wärmetag* achten, genügt schon Wasser mit einem Schuß Spiritus, um ›freie Sicht‹ zu gewähren. Scharfe oder hochkonzentrierte Mittel sind dann überflüssig.

Wer schon einmal einen verrauchten Computer- oder Fernsehbildschirm zu reinigen versuchte, wird diese Ratschläge besonders zu schätzen wissen. Bei der Reinigung stark verschmutzter Fensterrahmen würden Sie übrigens bei einem Wassertag noch bessere Ergebnisse erzielen. Das Warten lohnt sich.

Porzellan

Für die Chinesen, die ›Erfinder‹ des Tees, war und ist es selbstverständlich, den dunklen Belag in ihren Teekannen nicht zu entfernen (sie verwenden ohnehin zumeist Kannen aus schwarzem Eisen). Sie sagen sogar, daß die ›Seele‹ des Tees in diesem Belag wohnt und jeder weiteren Tasse ein gewisses Etwas verleiht, das das Gebräu erst zum Tee macht. Teekenner kämen deshalb niemals auf die Idee, diese Schicht zu beseitigen.

Wie dem auch sei, in unseren Breiten gilt es oft als unfein, zarte Porzellankannen mit diesem Belag auf den Tisch des Hauses zu stellen. Der hartnäckige Belag, natürlich aber auch Lippenstift- und Kaffeeflecken und dergleichen, können oft verärgern, besonders, wenn die Reinigungsversuche feine Kratzer auf dem wertvollen Material hinterlassen oder die Farben ›fortgereinigt‹ werden. Dankbar können sich diese Geplagten den folgenden Rat zu Herzen nehmen:

Der rechte Zeitpunkt: Nehmen Sie bei abnehmendem Mond einen feuchten Lappen zur Hand, geben Sie ein wenig Salz darauf und putzen Sie die verunreinigte Oberfläche des Porzellans.

Bei abnehmendem Mond hilft fast jedes sanfte Hausmittel, während bei zunehmendem Mond oft auch aggressive Scheuermittel nicht den gewünschten Erfolg bringen und nur die Oberfläche zerkratzen. Probieren geht über studieren.

Metalle

Mit Metallen verhält es sich in vieler Hinsicht wie mit dem Porzellan: An manchen Tagen kratzt man mit dem Putzmittel Muster in die schimmernde Fläche, an anderen genügt ein Anhauchen und Darüberwischen, und schon ist sie wieder sauber.

Achten Sie einfach auf den *abnehmenden* Mond, und verwenden Sie geringe Mengen nichtaggressiver Hausmittel.

Messing: Bei abnehmendem Mond gleiche Teile Mehl und Salz mit etwas Essig cremig anrühren und gut auftragen. Nach kurzer Einwirkzeit abwaschen und trockenreiben.

Silber: Bei abnehmendem Mond an einem Lufttag mit verdünntem Salmiakgeist putzen und mit etwas Kreide nachpolieren.

Kupfer: Bei abnehmendem Mond heißen Essig und etwas Salz verrühren und damit putzen. Anschließend gut trockenreiben.

Schuhe

Bei *abnehmendem* Mond geputzt, bleibt jedes Schuhwerk länger sauber, das Leder wird nicht so angegriffen und ist haltbarer. Schuheputzen nur bei abnehmendem Mond ist natürlich nicht möglich, doch hartnäckiger Schmutz läßt sich dann leichter entfernen. Besonders wenn Winterstiefel im Frühjahr in den Schrank gepackt werden, sollte man sie vorher bei abnehmendem Mond reinigen und eincremen.

Eine Erstimprägnierung nagelneuer Schuhe bei abnehmendem Mond hält fast das ganze Schuhleben lang!

Schimmelbefall

Moderne, dichtschließende Fenster zusammen mit schlecht wärmegedämmten Wänden haben einen Nachteil: Die Wandoberflächen, besonders die Kältebrücken in den Ecken, können bei hoher Luftfeuchte zu Nährböden für Schimmel werden. Bei *abnehmendem* Mond kann man ihn viel besser bekämpfen als bei zunehmendem, die Arbeit hält länger vor. Sanfte Mittel, etwa Essigwasser mit einer Wurzelbürste aufgetragen, würden schon ausreichen.

Großer Hausputz

Das Frühjahr ist der beste Nährboden für eine bestimmte Bazillusart, eine merkwürdige Unruhe greift um sich in der ganzen Familie, die längerwerdenden Tage bringen es ans Licht: Frühjahrsputz tut not! Speicher und Speisekammer, Keller und Garage warten darauf, gründlich durchstöbert, gelüftet und gereinigt zu werden.

Die Natur hat es so eingerichtet, daß die besten Tage für diese Arbeit tatsächlich ins Frühjahr fallen (allerdings mit fast gleichwertigen Alternativen während des ganzen Jahres).

Der rechte Zeitpunkt: Suchen Sie sich für das Stöbern, Lüften und Putzen einen Lufttag im abnehmenden Mond. Da Lufttage immer von Wassertagen gefolgt werden, sollten Sie das Beseitigen von hartnäckigen Schmutz und gründliches Reinigen erst nach den ›luftigeren‹ Arbeiten, d. h. an den Wassertagen, angehen.

Das Luftzeichen *Wassermann* liegt im Frühjahr stets im abnehmenden Mond. Diese Tage wären ideal, weil gleich danach das Wasserzeichen *Fische* jedes gründliche Reinigen unterstützt.

Lüften – aber richtig

Zimmer: Im Zeitalter dicht schließender Fenster wird bei uns zu wenig gelüftet, besonders im Winter. Verständlich vielleicht, weil man auf den Gedanken kommen könnte, daß die Qualität der Außenluft zu mehr Sorgen Anlaß gibt als der häusliche Mief. Dennoch, oft ist es gerade umgekehrt: Heute schon spricht man vom ›House Sickness Syndrome‹, einem Krankheitskomplex, den wir den giftigen Ausdünstungen moderner Werk- und Baustoffe, Holzschutzmitteln und schlecht funktionierenden Klimaanlagen zu verdanken haben. Regelmäßiges Lüften tut not und ist allemal besser als gar nicht zu lüften.

Der rechte Zeitpunkt: An Luft- und Wärmetagen ausgiebig lüften, an Erd- und Wassertagen nur kurz und schnell.

Betten: Betten lüften scheint aus der Mode gekommen zu sein, zumindest in den Städten, wo man nur noch sehr selten bunte Federbetten aus Fenstern oder Balkonen quellen sieht. Das wird verschiedene Gründe haben: Etwa, daß man dem Nachbarn ein Stockwerk tiefer nicht den eigenen Staub in die Wohnung blasen möchte, oder daß die Betten feuchter in die Wohnung zurückkehren, als man sie herausgehängt hat. Für Menschen, die zu Rheuma neigen, ist das Gift.

Dabei ist das Bettenlüften zur rechten Zeit eine gute Sache: Die Betten werden frisch und duftig, lassen den Körper atmen. Das Lüften ist auch ein gutes Gegenmittel gegen die Hausstaubmilbe, ein allergieauslösendes Kleintier, das sich von Hautschuppen ernährt.

Der rechte Zeitpunkt: Ausgiebig Bettenlüften sollte man bei abnehmendem Mond in einem Luft- oder Feuerzeichen. Bei zunehmendem Mond nur kurz lüften,

weil sonst zuviel Feuchtigkeit in den Federn bleibt. Starke Sonnenbestrahlung vermeiden, weil die Federn Schaden nehmen. In allen Monaten ohne R im Namen kann länger gelüftet werden.

Angemerkt sei, daß mit ›Betten lüften‹ nicht das tägliche Lüften vor dem Bettenmachen gemeint ist, sondern das Heraushängen des Bettzeugs zum Fenster oder Balkon.

Matratzen: In Deutschland sind Bettmatratzen durchschnittlich viel zu lange im Gebrauch (zehn Jahre und länger). Nun, wenn schon, dann sollten sie wenigstens regelmäßig gereinigt und vor allem gelüftet werden. Das Lüften verscheucht auch die Hausstaubmilbe, die ein feuchtwarmes Klima zum Gedeihen braucht.

Der rechte Zeitpunkt: Matratzen sollten bei abnehmendem Mond gereinigt und gelüftet werden, am besten an einem Luft- oder Wärmetag. Das schützt vor Ungeziefer und entzieht Feuchtigkeit (wichtig für Rheumatiker und Allergiker). Keinesfalls bei zunehmendem Mond an einem Wassertag lüften! Das zieht Feuchtigkeit an und wäre für Rheumatiker Gift. Auch die Erdtage sind nicht sonderlich gut geeignet.

Sommer- und Winterkleidung wegräumen

Mottenkugeln haben heute zwar ausgedient, doch wer geruchlosem, mit Giften getränkten Antimottenpapier und dergleichen mißtrauisch gegenübersteht, für den gibt es ein bewährtes Rezept:

Der rechte Zeitpunkt: Hängen Sie Ihre Sommer- oder Winterkleidung in Frühjahr bzw. Herbst an einem Lufttag (Zwillinge, Waage, Wassermann) bei abnehmendem Mond in den Schrank. Mottenmittel sind dann überflüssig.

Als Alternative kommt auch der aufsteigende Mond in Frage. Bei Erdtagen eingelagert, kann die Kleidung nach einigen Monaten einen etwas ›strengen‹ Geruch annehmen und sogar modern. Bei Wassertagen gelagert, wird sie feucht.

Konservieren, einmachen und einlagern

Heutzutage ist selbstgemachte Marmelade und selbsteingemachtes Gemüse und Obst ein Schlager. Die wichtigsten Regeln für ein erfolgreiches Ernten, Lagern und Konservieren wurden im Kapitel III schon vorgestellt.

Günstig für das Einkochen von Marmelade und Säften ist der *aufsteigende* Mond. Das Obst ist viel saftiger und auch das Aroma viel besser. Die Haltbarkeit ist um vieles größer, auf künstliche Geliermittel können Sie oft verzichten (gilt auch für das Einkochen und Einmachen anderer Lebensmittel). Probieren Sie es doch einmal aus: Einmal nach Ihrer gewohnten Methode, dann einmal mit weniger – etwa der Hälfte – Gelierzucker (oder mit Äpfeln) zum richtigen Zeitpunkt.

Die günstigste Zeit für das Konservieren ist die Zeit des aufsteigenden Mondes (Schütze bis Zwillinge). Das Einkochen, Einmachen und Lagern ist somit weniger von den Mondphasen abhängig, sondern vom Sternzeichen, das der Mond gerade durchwandert.

Früchte werden am besten an Widder (Fruchttag) geerntet und eingemacht, Wurzelgemüse an Steinbock und Stier (Wurzeltage).

Einfrieren von Obst und Gemüsen ist an einem Fruchttag besser aufgehoben als an Wassertagen. Wiederaufgetautes schmeckt dann besser, wird nicht so wäßrig und zerfällt nicht.

Kellerregale für die Obstlagerung nur bei abnehmendem Mond reinigen (Luft- oder Feuerzeichen). Das hält sie trocken und verhindert den oft modrigen Geruch.

Malern und lackieren

Viele hochgiftige und in der Herstellung teure Farben, Dispersionen und Lacke konnten sich gegenüber sanfteren Kalkfarben und natürlich hergestellten Lacken durchsetzen, weil sie die subtilen Einflüsse der Naturrhythmen im wahrsten Sinne des Wortes einfach überrollen.

Die Hinwendung zur Natur würde auf diesem Gebiet leichterfallen, wenn ungiftige Farben stets zum richtigen Zeitpunkt verwendet werden würden: In ihrer Wirkung und Langlebigkeit stehen sie dann den schnellwirksamen Giftbrühen kaum nach oder sind gleichwertig. Das gilt auch speziell für die Wandfarben in Innenräumen.

Der rechte Zeitpunkt: Für alle Maler- und Lackierarbeiten ist die Zeit des abnehmenden Mondes gut geeignet, Farben und Untergrund trocknen gut ab und bilden schöne Flächen. Die Farben verbinden sich gut mit dem Untergrund, der Pinsel gleitet fast von selbst. Kalk läßt den Untergrund atmen.

Wassertage sind eher ungeeignet, weil die Farbe schlecht trocknet. Auch die Löwetage sind ungünstig, weil sie zu stark austrocknend wirken und Farben manchmal splittern lassen.

Aufheizen im Herbst

In jedem Herbst kommt der Tag, der nach Erwärmung der eigenen vier Wände verlangt, weil die Kraft der Sonne dazu nicht mehr ausreicht. Will man eine gute und schnelle Durchwärmung des ganzen Hauses erzielen, sollte man die Regel beachten:

Das erste Mal heizen im Herbst sollte an einem Wärmetag (Widder, Löwe, Schütze) bei abnehmendem Mond geschehen.

Dieser Rat ist besonders wichtig für einen *Neubau,* der in jedem Fall zu dem obengenannten Termin zum ersten Mal geheizt werden sollte. Das vertreibt die letzte Feuchtigkeit aus den Wänden.

Winterfenster einsetzen

In modernen Wohnmobilen, aber auch noch in vielen Altbauten und vielfach auf dem Land finden sich herausnehmbare Doppelfenster, die im Sommer in Keller oder Speicher gelagert werden und erst im Herbst wieder ihre Funktion als Wärmedämmung erfüllen müssen.

Der Termin des Wiedereinsetzens entscheidet darüber, ob sie ständig schwitzen oder beschlagen. Wer bei Fenstern die Durchsichtigkeit mehr schätzt als das Beschlagen, sollte beachten:

Der rechte Zeitpunkt: Winter- bzw. Vorfenster sollten bei aufsteigendem Mond in einem Luftzeichen (Wassermann, Zwillinge) eingesetzt werden.

So geht man allen unerwünschten Nebeneffekten aus dem Weg. Auch diese Regel ist für ›biologische‹ Hausbauer interessant, denn der Termin würde sich ebenso auf das Einsetzen der Fenster bei einem Neubau günstig auswirken.

Pflege von Zimmerpflanzen

Ausführliche Hinweise zur Pflege unserer grünen und bunten Hausgenossen sind schon im Kapitel III enthalten. Die wichtigsten sollen hier noch einmal besonders hervorgehoben werden:

Der rechte Zeitpunkt: Das Umtopfen und Neueinsetzen von Balkon- und Zimmerpflanzen geschieht am besten an den Jungfrautagen. Die Pflanzen wurzeln rasch an.

Gießen sollte man, wenn möglich, nur an Blattagen (Krebs, Skorpion, Fische) und unbedingt mit Regenwasser oder abgestandenem Wasser. Zimmerpflanzen ins Freie zu bringen, um sie dem Regen auszusetzen, schadet manchmal, weil die Blätter das direkte Befeuchten nicht gewohnt sind.

Das Düngen sollte nur bei abnehmendem Mond geschehen, bevorzugt an Blattagen. Zwischendurch an Wurzeltagen bei schwacher Wurzelbildung oder an Blütentagen, wenn es um Blühpflanzen geht, die zu ungewohnter Zeit mit ihren Farben geizen.

Alle Regeln zur Schädlingsbekämpfung (siehe Kap. III) gelten auch hier. Denken Sie daran, nicht zu oft an Blütentagen zu gießen, um keine Schädlinge anzulocken. Pflanzenauszüge zur Schädlingsbekämpfung nur in den Wurzelbereich gießen, nicht an Stiel, Blätter oder Blüten!

Tagesqualität und Ausflüge

Wer unternimmt nicht gerne hin und wieder einen Ausflug ins Grüne, allein, zu zweien oder mit Familie und Freunden?

Ist Ihnen dabei schon einmal aufgefallen, daß sich bei *gleichen* Außentemperaturen die Ausflugstage unterschiedlich ›anfühlen‹ – daß man manchmal trotz bedecktem Himmel unwillkürlich zur Sonnenbrille greift oder daß man sich einmal gerne ins Gras setzt und ein andermal sich nicht vom Picknickstuhl heruntertraut, weil sich der Boden unangenehm feucht oder kalt anfühlt?

»In diesem Zusammenhang ist mir ein Beispiel eingefallen, nämlich was mir als Junge oft passiert ist, als ich vor

langen Jahren mein erstes Fahrrad viele Sommertage lang spazierenfuhr. Von meinem Taschengeld kaufte ich damals eine Trinkflasche – eines von den Plastikdingern, die man am Rahmen festschnallt und dann daraus während der Fahrt trinken kann. Stundenlang war ich an beiden Tagen mit Freunden unterwegs und wunderte mich immer, daß der Inhalt der Flasche – bei gleichen Hitzegraden – manchmal schon nach einer Stunde ausgetrunken war, während ich zu anderen Zeiten am Abend die halbvolle Flasche mit nach Hause brachte.«

Das Rätsel löst sich, wenn man sich kurz mit den vier ›Tagesqualitäten‹ befaßt – besondere Eigenschaften eines Tages, die mit dem jeweiligen Sternzeichen zusammenhängen, das gerade regiert.

Wärmetage herrschen, wenn der Mond in den Tierkreiszeichen Widder, Löwe und Schütze steht. Meist sind das schöne Ausflugstage, die auch dann als warm empfunden werden, wenn der Himmel bewölkt ist. Sie wirken austrocknend, besonders an Löwe, und man wird an diesen Tagen vielleicht etwas mehr Durst haben als sonst. Löwetage bergen manchmal die Gefahr starker, rasch heraufziehender Gewitter, die sich besonders nach längeren Hitzeperioden schlimm auswirken und mit Hagelschlag und Hochwasser (die Erde kann nicht viel Feuchtigkeit aufnehmen) einhergehen können.

Licht- oder Lufttage herrschen, wenn der Mond in Zwillinge, Waage oder Wassermann steht. Die Erde und die Pflanzen holen sich in dieser Zeit mehr Licht als sonst, auf den Menschen wirken sie meistens sehr angenehm. Autofahrer erleben diese Tage bisweilen als ungemütlich: Selbst bei bewölktem Himmel verspürt man manchmal das Bedürfnis, eine Sonnenbrille aufzusetzen, weil das Licht als ›stechend‹ empfunden wird.

Auch Sportler, z. B. Tennisspieler, empfinden solche

Lichttage manchmal als unangenehm, wenn Sie gegen die Sonne aufschlagen müssen. Selbst wenn sie nicht direkt scheint.

Kälte- oder Erdtage sind Stier, Jungfrau, Steinbock. Auch wenn das Thermometer hohe Temperaturen anzeigt, sollte man immer etwas wärmere Kleidung und Decken mitnehmen, falls die Sonne hinter Wolken verschwindet. Die Erde fühlt sich kühl an, und manchmal bekommt man schon bei der kleinsten Schäfchenwolke, die sich vor die Sonne schiebt, eine Gänsehaut. An diesen Tagen wird man wahrscheinlich mit halbgefülltem Getränkekorb nach Hause zurückkehren.

Wassertage – Krebs, Skorpion, Fische – lassen die Erde nie ganz trocken werden. Auch die Neigung zu Niederschlägen ist größer. Verlassen Sie Ihr Heim möglichst nicht ohne Regenkleidung oder Regenschirm und schon gar nicht ohne eine Decke, wenn sie planen, sich irgendwo zum Picknick oder zum Baden niederzulassen. Ein Tip: Wenn Sie sich auf Wetterumschläge und Klimawechsel besser vorbereiten wollen, achten Sie auf Neumond- und Vollmondtage, Zwillinge- und Schützetage.

Tips für die Körperpflege

Auch bei der Körperpflege läßt sich die Kenntnis der Mondrhythmen nutzbringend anwenden. Allerdings sollte man bedenken, daß die Beschaffenheit von Haut, Haaren und Nägeln fast immer Kennzeichen und Symptom des gesamten Gesundheitszustands ist. Ohne ›Schönheit von innen‹, ohne gesunde Ernährung vor allem, sind Maßnahmen zur Körperpflege häufig nur ›Make-up‹ – sie überdecken die wahren Ursachen blasser, fettiger oder unreiner Haut oder brüchiger Nägel.

Die zahlreichen Tips und Hinweise zur gesunden Lebensführung im Kapitel II sind somit gleichzeitig eine große Hilfe, um von innen für gesunde Haut und kräftige Haare zu arbeiten – auch deshalb, weil Sie sich dann viel Geld für oft sehr teure Kosmetika sparen können.

Hautpflege

Mit Hautpflege ist hier nicht das tägliche Waschen oder das Auftragen von Tagescremes gemeint, sondern die Pflege von Problemhaut, etwa unter Anwendung spezieller Gesichtspackungen oder Masken. Sie erfolgt am besten bei *abnehmendem* Mond – ganz besonders, wenn dabei kleine ›Eingriffe‹ gegen Unebenheiten, Pickel und dergleichen nötig werden: Narben bilden sich bei abnehmendem Mond fast nie. Hautärzte könnten vielen Problemen aus dem Weg gehen, wenn sie freibewegliche Termine in diese Zeit legen würden.

Sollen dagegen der Haut Stoffe zugeführt werden, etwa durch Straffungs- und Feuchtigkeitscremes, ist die Phase des *zunehmenden* Mondes besser geeignet.

Wer zusätzlich auch noch auf das Tierkreiszeichen achten möchte, sollte die *Steinbocktage* nicht versäumen. Sie sind für jede Art der Hautpflege geeignet.

Haarpflege

Viele Haar- und Schuppenmittel wären überflüssig, wenn Sie bei der Haarpflege auf den richtigen Termin achten. Früher wunderte sich niemand, wenn ein Friseur an bestimmten Tagen sein Geschäft geschlossen hielt, weil man wußte, es würde ohnehin niemand seine Dienste beanspruchen. Wenn Löwe andererseits auf einen Sonntag fiel, haben ihn viele nach dem Kirchgang aufgesucht, um ihm ihr Haupthaar anzuvertrauen.

»In meiner Heimat Tirol gab es früher nur wenige Männer mit Glatzen. Vielleicht liegt das daran, daß schon beim ersten Haarschnitt eines Babys auf den Löwetag geachtet wurde.«

Der rechte Zeitpunkt: Löwetage und Jungfrautage sind Haarschneidetage – gleichgültig, ob der Mond ab- oder zunimmt!

An Fische- und Krebstagen sollte man auf das Haareschneiden verzichten.

Wer mit seinen Haaren nicht glücklich ist, etwa weil sie ausfallen, zu dünn oder zu fettig sind, dem sei eine ›Kur‹ empfohlen, die ihre Wirkung nicht verfehlen wird:

- Lassen Sie sich jeden Monat *von Februar bis August an den Löwetagen* die Haare oder Haarspitzen schneiden. Löwe steht dann immer im zunehmenden Mond, was die gute Wirkung noch verstärkt. Die Löwequalität wirkt besonders auf die männlichen Hormone, vielleicht ist das ein Grund für die ›haarige‹ Wirkung des Löwetages, d. h. daß die Haare kräftiger werden.

- Verquirlen Sie in dieser Zeit ein- bis zweimal wöchentlich 1–2 Eier (Eigelb *und* Eiweiß), und massieren Sie sie nach der Wäsche ins Haar. Kurze Zeit einwirken lassen und dann mit warmem Wasser ausspülen.

- Wichtig ist, daß die letzte Spülung mit kaltem Wasser erfolgt. Die Temperatur ist richtig, wenn sich das Wasser am Kopf kalt anfühlt. Diesen Rat sollte man eigentlich immer befolgen, auch wenn man gesundes und kräftiges Haar hat.

- Fönen Sie in dieser Zeit nicht die Haare. Wenn es doch sein muß, warten Sie damit eine Viertelstunde. Fönen Sie nie ›gegen den Strich‹ und zu heiß, das zerstört langfristig jedes Haar.

Der Haarschnitt ausschließlich an Löwe ist allerdings kein sicheres Mittel gegen Haarausfall, weil uns die Haare oft aufgrund von Medikamentenwirkungen, Hormonumstellungen im Körper und dem begleitenden seelischen Durcheinander verlassen. Besonders nach Schwangerschaften oder in den Wechseljahren kommt ein Haarausfall verstärkt vor, doch das legt sich später wieder.

An *Jungfrau* geschnitten, bewahren die Haare länger Form und Schönheit. Besonders für Dauerwellen eignet sich Jungfrau gut, an Löwetagen werden sie sehr kraus.

Haareschneiden an *Fische*tagen führt häufig zu Schuppenbildung. Schneidet man die Haare an *Krebs,* werden sie sehr widerspenstig und struppig.

Wenn es Ihnen möglich ist, sollten Sie an *Fische* und *Krebs* daher auch auf das Haarewaschen verzichten. Sicherlich, viele Menschen und gerade junge Leute waschen fast täglich ihre Haare, aber in der Jugend hält der Körper auch mehr aus. Später können Sie ja damit beginnen, diesen Ratschlag zu beherzigen.

Sollten Sie sich aus irgendwelchen Gründen von Körperhaaren verabschieden wollen, dann wählen Sie für das Entfernen die Zeit des abnehmenden Mondes. *Steinbock im abnehmenden Mond* (nur während der ersten Jahreshälfte) sollte man dazu nicht versäumen. Nur dann werden sie längere Zeit nicht so rasch nachwachsen. Übertreiben Sie jedoch nicht mit dem Auszupfen von Augenbrauen.

»Erinnern Sie sich an die Regel vom 18. Juni? An diesem Tag vormittags ausgerissenes Unkraut wächst nicht mehr nach. Vielleicht funktioniert das auch bei Augenbrauen, so dachte ich einmal als Teenager und zupfte mir an einem 18. Juni die Augenbrauen schmal, weil das damals die Mode war. Leider hat es perfekt funktioniert, und heute sind schmale Augenbrauen längst nicht mehr modern. Ich

weiß, daß die Regel nicht ohne weiteres auf Körperhaare übertragbar ist, weil nicht jeder 18. Juni gleichzeitig auch fürs Haarentfernen wirkt.«

Nagelpflege

Der rechte Zeitpunkt: Für Zehen- und Fingernagelpflege, für Schneiden und Feilen ist Steinbock der geeignete Tag.

Die Nägel werden – bei Steinbock geschnitten – hart, widerstandsfähig und brechen nicht so leicht. Besondere Nagelmittel sind überflüssig, weil sie stets das Symptom und nicht die Ursache bekämpfen.

Natürlich kann die Nagelpflege nicht nur an zwei, drei Tagen im Monat geschehen, so ist der Ratschlag auch nicht gedacht. An Steinbock sollten Sie sie jedoch nicht versäumen.

»Ein Tip, über den Sie vielleicht schmunzeln werden: Finger- und Zehennägel immer freitags nach Sonnenuntergang schneiden, dann bekommen Sie niemals Probleme und behalten kräftige Nägel. Mein Großvater, von dem ich ja dieses Wissen habe, schwörte auf diese Regel, weil er auch sagte, daß er deshalb nie Zahnweh habe. Immerhin wurde er 89 Jahre alt und hatte niemals in seinem Leben mit den Zähnen zu tun. Auch ich befolge diese Regel und kann den Zusammenhang nur bestätigen.«

Eingewachsene Nägel sollten nicht bei *abnehmendem Mond* korrigiert oder geschnitten werden, sonst wachsen sie immer wieder falsch nach. Mit Ausnahme der Nagelbettkorrektur. Dieser Eingriff ist bei abnehmendem Mond besser aufgehoben (wenn möglich, die Fischetage meiden). Ebenso wirksam ist übrigens auch die Behandlung von hartnäckigem Fuß-

und Nagelpilz bei abnehmendem Mond. Das gleiche Prinzip gilt für Warzen.

Die Füße sind ein sehr wichtiger und empfindsamer Körperteil, der leider von vielen Menschen zu stiefmütterlich behandelt wird. Ist der Fuß krank, ist der Mensch krank. Jedes Gebiet des Körpers spiegelt sich in den Reflexzonen der Füße wider und kann durch die *Fußreflexzonenmassage* beeinflußt werden. Sollen diese Bereiche angeregt werden, etwas abzubauen, z. B. Verspannungen oder Vergiftungen im Körper zu lösen, ist der Zeitpunkt des abnehmenden Mondes günstiger. Sollen sie jedoch aufbauend auf sie wirken, z. B. Regeneration und Kräftigung der Körperfunktionen, ist der Zeitpunkt des zunehmenden Mondes günstiger.

Massagen

Eine gekonnte Massage ist nicht nur wohltuend, sondern eine sehr gute Vorbeugung gegen Krankheiten aller Art. Sie wirkt entkrampfend und stabilisierend auf Herz und Kreislauf, regt die Organtätigkeit an und kann vor allem für Menschen mit Blutdruckschwierigkeiten sehr hilfreich sein.

Wenn Krankheiten vorliegen, sind Spezialmassagen wie z. B. Lymphdrainagen ganz besonders heilungsfördernd und entstauend. Sie sollten jedoch nur von erfahrenen Physiotherapeuten ausgeführt werden.

Für Massagen, die der Entspannung, Entkrampfung und Entgiftung dienen, eignet sich die Zeit des abnehmenden Mondes gut.

Soll eine Massage vorwiegend regenerierend und kräftigend wirken, etwa mit Hilfe entsprechender Öle, wird sie bei zunehmendem Mond bessere Resultate erzielen.

Massagen nach Entzündungen und Verletzungen, Lymphdrainagen und dergleichen können und sollen selbstverständlich nicht auf den ›richtigen‹ Termin warten – im Gegenteil: Das Zuwarten kann größeren Schaden anrichten als der gute Effekt der Massage nach dem Mondrhythmus. Die Hinweise gelten deshalb vorwiegend für gesunde Menschen.

Durch Gespräche mit meinem Bruder Georg Koller, der in Osnabrück eine Praxis für physikalische Therapie hat und ebenfalls mit den Mondrhythmen vertraut ist, weiß ich um die großen Erfolge von Spezialmassagen und ihren Anwendungen. Als Physiotherapeut und Chiropraktiker versucht er schwierige Behandlungen zum richtigen Zeitpunkt auszuführen.

Für die Zukunft

Alle Regeln in diesem Buch beziehen ihre Gültigkeit aus der Intuition und Wahrnehmung, nicht aus Willkür, Vermutung, Theorie oder Glauben. Geschärfte Sinne, Wachheit und genaue Beobachtung der Natur und der eigenen Person hat unsere Vorfahren zu ›Meistern des richtigen Zeitpunkts‹ gemacht.

Denken Sie nach: Es wäre doch niemals gelungen, dieses Wissen zu erhalten und immer wieder erfolgreich weiterzugeben, wenn die jeweils nachfolgende Generation die Regeln einfach nur befolgt hätte, ohne ihren Sinn zu ›begreifen‹, ohne gleichzeitig die Wahrnehmung zu besitzen, die die Gültigkeit der Regeln bestätigt und die Regeln in Fleisch und Blut übergehen läßt, *ohne* immer wieder in einem ›Handbuch‹ nachschauen oder ›Experten‹ bemühen zu müssen. Kein Gesetz der Welt kann länger als ein paar Jahrzehnte Bestand haben, wenn es nicht in der Wirklichkeit der Natur und des Menschen wurzelt.

Der Mondstand ist nur ein Uhrzeiger – das Gefühl dafür, was er anzeigt, tragen wir in uns. Dieses Buch ist letztlich nur eine Hilfe, diese Wahrnehmung wieder zu wecken und Vertrauen zu ihr zu gewinnen, den Mut zu haben, auf sie zu horchen. Das Wissen ist überall auf der Erde gültig und aktuell, doch man muß organisch mit ihm wachsen. Unsere Felder und Böden wie unsere Körper haben sich an soviel Negatives gewöhnen müssen, die Rückkehr zum Natürlichen, zum Einklang mit den Rhythmen der Natur erfordert Zeit.

Die Mondrhythmen können Ihnen jederzeit dienstbar werden, wenn Sie sich mit einer Eigenschaft der Natur vertraut machen: Sie arbeitet langsam, in ihrem eigenen Tempo. Sie läßt sich nicht drängen. Wenn Sie diesen Aspekt stets im

Auge behalten, wird sich Ihnen das Wissen um die Mondrhythmen von selbst erschließen.

Dieses Buch ist nur ein Werkzeug, kein Patentrezept. Wie Sie das Werkzeug führen, bleibt ganz allein Ihnen überlassen.

Ein Nachwort für die Freunde unserer Bücher

Im Laufe der Jahre haben uns aus aller Welt Tausende von Briefen erreicht. Für das Vertrauen in unsere Arbeit, die aus diesen Zuschriften spricht, möchten wir uns ganz herzlich bedanken und gleichzeitig an dieser Stelle um Nachsicht bitten: Jahrelang haben wir jede Zuschrift persönlich beantwortet, weil uns niemand diese Arbeit abnehmen kann, aber die Flut hat uns überrollt. Würden wir es weiterhin versuchen, dann wäre keine Zeit mehr für das, was wir vorhaben: nämlich Bücher zu schreiben für Menschen wie Sie.

Zu den Leserbriefen einige Worte, die vielleicht für Sie von Nutzen sein können:

• Viele Anfragen können wir nicht beantworten, weil wir schlicht und einfach die Antwort nicht kennen. Wir schreiben nur aus persönlicher Erfahrung, und die hat ihre Grenzen. Das gilt besonders für körperliche und seelische Störungen. Wir sind keine Ärzte, und aus der Ferne zu beurteilen, was im Einzelfall hilft oder schadet, dürfen und wollen wir uns nicht anmaßen.

• Zahlreiche Zuschriften erreichten uns mit der Bitte um Angabe der Adressen von guten Rutengehern oder von Heilberuflern, die nach Mond- und Naturrhythmen heilen. Zwar werden es täglich mehr, doch alle, die wir kennen, sind inzwischen hoffnungslos überlastet, weil sie so erfolgreich arbeiten. Es ist so einfach: Wenn der Arzt Ihrer Wahl nicht auf Ihre Wünsche eingeht, suchen Sie sich einen anderen. Ein wirklich guter Arzt wird immer alles tun, damit Sie gesund werden und auch bleiben. Wer dagegen ausschließlich nach anstudiertem Wissen und nach Schablonen arbeitet, ist entweder nur am Geldverdienen interessiert oder er ignoriert seine eigene Erfahrung: nämlich, daß Statistiken und auswendig gelernte Schablonen niemals den Einzelfall erfassen.

• Ein Großteil der Zuschriften enthielt Fragen nach Bezugsquellen für bestimmte Leistungen oder Produkte im Umfeld unserer Arbeit. In der Absicht, wenigstens einem Teil dieser Wünsche gerecht zu werden, haben wir im Lauf der Zeit mögliche Partner und Firmen gesucht, um interessierten Lesern weiterzuhelfen. Die Erfahrungen zeigten uns, daß sich unsere Absicht nur sehr schwer verwirklichen läßt: Erstens sind viele Firmen inzwischen überlastet und ausgebucht. Sie können sich dem einzelnen Kunden nicht mehr so widmen, wie es nötig wäre. Und zweitens hat sich bei manchen im Laufe der Zeit die Orientierung verschoben – weg vom Dienst am Kunden, hin zum größtmöglichen wirtschaftlichen Erfolg. Das schließt jedoch eine enge Zusammenarbeit mit uns aus, so menschlich verständlich es auch ist, dieser Versuchung nachzugeben. Geld und wirtschaftlicher Erfolg ist grundsätzlich nichts Schlechtes. Der Umgang damit ist jedoch entscheidend. Wir freuen uns am Erfolg, machen ihn jedoch nicht zum Ziel unserer Arbeit.

• Viele Leser stellen Fragen, die schon in den Büchern beantwortet sind oder die man bei aufmerksamer Lektüre und Geduld aus den zahlreichen Grundregeln ableiten kann. Unsere Antwort würde die Freude und den langfristigen Gewinn der eigenen Erfahrung verhindern. Der Titel unseres zweiten Buches lautet nicht ohne Grund *Aus eigener Kraft*.

Bei den meisten Zuschriften geht es letztlich um Probleme, zu deren Lösung man unsere persönliche Hilfe wünscht. Fast immer jedoch steht die Lösung des Problems schon vor der Tür! Sie wird nur deshalb oftmals nicht eingelassen, weil man sich bei der Suche nach ihr schon in eine bestimmte Richtung verrannt hat und nun zu stolz, zu ängstlich oder zu bequem ist, einen neuen Weg zu gehen.

Unsere ganze Arbeit jetzt und in Zukunft richtet sich darauf, den Mut zur eigenen Entscheidung und Verantwortung zu wecken. Den Mut, Problemen wirklich auf den Grund zu gehen, sie von allen Seiten zu betrachten und die Dinge zu Ende zu denken. Kein anderer Mensch, kein ›Experte‹ wird Ihnen jemals diese Aufgabe abnehmen können – auch wir nicht. Wenn unsere Arbeit den Mut dazu geweckt hat, dann freuen wir uns mit Ihnen aus ganzem Herzen.

Mondkalender von 1997–2000

1997

♈ Widder ♊ Zwilling ♌ Löwe ♎ Waage
♉ Stier ♋ Krebs ♍ Jungfrau ♏ Skorpion

Januar		Februar		März		April		Mai		Juni	
M 1 ♍		S 1 ♏		S 1 ♏		D 1 ♑		D 1 ♒		S 1 ♈	
D 2 ♎	🌗	S 2 ♏		S 2 ♐	🌗	M 2 ♑		F 2 ♓		M 2 ♈	
F 3 ♎		M 3 ♐		M 3 ♐		D 3 ♒		S 3 ♓		D 3 ♉	
S 4 ♏		D 4 ♐		D 4 ♑		F 4 ♒		S 4 ♈		M 4 ♉	
S 5 ♏		M 5 ♑		M 5 ♑		S 5 ♓		M 5 ♈		D 5 ♊	🌑 08.
M 6 ♐		D 6 ♑		D 6 ♒		S 6 ♓		D 6 ♉	🌑 21.50	F 6 ♊	
D 7 ♐		F 7 ♒	🌑 16.05	F 7 ♒		M 7 ♈	🌑 12.03	M 7 ♉		S 7 ♋	
M 8 ♑		S 8 ♒		S 8 ♓		D 8 ♈		D 8 ♊		S 8 ♋	
D 9 ♑	🌑 05.25	S 9 ♓		S 9 ♓	🌑 02.15	M 9 ♉		F 9 ♊		M 9 ♌	
F 10 ♒		M 10 ♓		M 10 ♈		D 10 ♉		S 10 ♊		D 10 ♌	
S 11 ♒		D 11 ♈		D 11 ♈		F 11 ♊		S 11 ♋		M 11 ♌	
S 12 ♓		M 12 ♈		M 12 ♉		S 12 ♊		M 12 ♋		D 12 ♍	
M 13 ♓		D 13 ♉		D 13 ♉		S 13 ♋		D 13 ♌		F 13 ♍	🌓
D 14 ♈		F 14 ♉	🌓	F 14 ♉		M 14 ♋	🌓	M 14 ♌	🌓	S 14 ♎	
M 15 ♈	🌓	S 15 ♊		S 15 ♊		D 15 ♋		D 15 ♍		S 15 ♎	
D 16 ♈		S 16 ♊		S 16 ♊	🌓	M 16 ♌		F 16 ♍		M 16 ♎	
F 17 ♉		M 17 ♊		M 17 ♋		D 17 ♌		S 17 ♍		D 17 ♏	
S 18 ♉		D 18 ♋		D 18 ♋		F 18 ♍		S 18 ♎		M 18 ♏	
S 19 ♊		M 19 ♋		M 19 ♌		S 19 ♍		M 19 ♎		D 19 ♐	
M 20 ♊		D 20 ♌		D 20 ♌		S 20 ♍		D 20 ♏		F 20 ♐	🌕 20.
D 21 ♋		F 21 ♌		F 21 ♌		M 21 ♎		M 21 ♏		S 21 ♑	
M 22 ♋		S 22 ♌	🌕 11 26	S 22 ♍		D 22 ♎	🌕 21.31	D 22 ♏	🌕 10.10	S 22 ♑	
D 23 ♋	🌕 16.11	S 23 ♍		S 23 ♍		M 23 ♏		F 23 ♐		M 23 ♒	
F 24 ♌		M 24 ♍		M 24 ♎	🌕 05.45	D 24 ♏		S 24 ♐		D 24 ♒	
S 25 ♌		D 25 ♎		D 25 ♎		F 25 ♐		S 25 ♑		M 25 ♒	
S 26 ♍		M 26 ♎		M 26 ♎		S 26 ♐		M 26 ♑		D 26 ♓	
M 27 ♍		D 27 ♎		D 27 ♏		S 27 ♐		D 27 ♒		F 27 ♓	🌗
D 28 ♍		F 28 ♏		F 28 ♏		M 28 ♑		M 28 ♒		S 28 ♈	
M 29 ♎				S 29 ♐		D 29 ♑		D 29 ♓	🌗	S 29 ♈	
D 30 ♎				S 30 ♐		M 30 ♒	🌗	F 30 ♓		M 30 ♉	
F 31 ♏	🌗			M 31 ♐	🌗			S 31 ♈			

ütze — Wassermann — abnehm. Mond — Neumond
inbock — Fische — zunehm. Mond — Vollmond

1997

Tag	Juli	August	September	Oktober	November	Dezember
1	Stier	F Krebs	M Löwe	M Waage · Neumond 17.50	S Skorpion	M Schütze
2	Zwillinge	S Krebs	D Jungfrau · Neumond 00.51	D Waage	S Skorpion	D Steinbock
3	Zwillinge	S Löwe · Neumond 09.15	M Jungfrau	F Waage	M Schütze	M Steinbock
4	Krebs · Neumond 19.41	M Löwe	D Waage	S Skorpion	D Schütze	D Wassermann
5	Krebs	D Jungfrau	F Waage	S Skorpion	M Steinbock	F Wassermann
6	Krebs	M Jungfrau	S Waage	M Schütze	D Steinbock	S Wassermann
7	Löwe	D Jungfrau	S Skorpion	D Schütze	F Wassermann · zunehm. Mond	S Fische · zunehm. Mond
8	Löwe	F Waage	M Skorpion	M Schütze	S Wassermann	M Fische
9	Jungfrau	S Waage	D Schütze	D Steinbock · zunehm. Mond	S Fische	D Widder
10	Jungfrau	S Skorpion	M Schütze · zunehm. Mond	F Steinbock	M Fische	M Widder
11	Jungfrau	M Skorpion · zunehm. Mond	D Schütze	S Wassermann	D Fische	D Stier
12	Waage · zunehm. Mond	D Skorpion	F Steinbock	S Wassermann	M Widder	F Stier
13	Waage	M Schütze	S Steinbock	M Fische	D Widder	S Zwillinge
14	Skorpion	D Schütze	S Wassermann	D Fische	F Stier · Vollmond 15.14	S Zwillinge · Vollmond 03.39
15	Skorpion	F Steinbock	M Wassermann	M Widder	S Stier	M Krebs
16	Skorpion	S Steinbock	D Fische · Vollmond 19.49	D Widder · Vollmond 04.48	S Zwillinge	D Krebs
17	Schütze	S Wassermann	M Fische	F Stier	M Zwillinge	M Löwe
18	Schütze	M Wassermann · Vollmond 11.53	D Widder	S Stier	D Krebs	D Löwe
19	Steinbock	D Fische	F Widder	S Zwillinge	M Krebs	F Löwe
20	Steinbock · Vollmond 04.19	M Fische	S Stier	M Zwillinge	D Löwe	S Jungfrau
21	Wassermann	D Widder	S Stier	D Krebs	F Löwe	S Jungfrau · abnehm. Mond
22	Wassermann	F Widder	M Zwillinge	M Krebs	S Löwe · abnehm. Mond	M Waage
23	Fische	S Stier	D Zwillinge · abnehm. Mond	D Krebs · abnehm. Mond	S Jungfrau	D Waage
24	Fische	S Stier	M Krebs	F Löwe	M Jungfrau	M Waage
25	Widder	M Zwillinge · abnehm. Mond	D Krebs	S Löwe	D Waage	D Skorpion
26	Widder · abnehm. Mond	D Zwillinge	F Löwe	S Jungfrau	M Waage	F Skorpion
27	Stier	M Zwillinge	S Löwe	M Jungfrau	D Waage	S Schütze
28	Stier	D Krebs	S Löwe	D Jungfrau	F Skorpion	S Schütze
29	Zwillinge	F Krebs	M Jungfrau	M Waage	S Skorpion	M Schütze · Neumond 17.53
30	Zwillinge	S Löwe	D Jungfrau	D Waage	S Schütze · Neumond 03.13	D Steinbock
31	Zwillinge	S Löwe		F Skorpion · Neumond 10.59		M Steinbock

1998

♈ Widder ♉ Stier ♊ Zwilling ♋ Krebs ♌ Löwe ♍ Jungfrau ♎ Waage ♏ Skorpion

Januar		Februar		März		April		Mai		Juni	
D 1 ♒		S 1 ♈		S 1 ♈		M 1 ♊		F 1 ♋		M 1 ♌	
F 2 ♒		M 2 ♈		M 2 ♈		D 2 ♊		S 2 ♋		D 2 ♍	🌓
S 3 ♓		D 3 ♉	🌓	D 3 ♉		F 3 ♋	🌓	S 3 ♌	🌓	M 3 ♍	
S 4 ♓		M 4 ♉		M 4 ♉		S 4 ♋		M 4 ♌		D 4 ♎	
M 5 ♈	🌓	D 5 ♉		D 5 ♊	🌓	S 5 ♋		D 5 ♍		F 5 ♎	
D 6 ♈		F 6 ♊		F 6 ♊		M 6 ♌		M 6 ♍		S 6 ♎	
M 7 ♉		S 7 ♊		S 7 ♋		D 7 ♌		D 7 ♍		S 7 ♏	
D 8 ♉		S 8 ♋		S 8 ♋		M 8 ♍		F 8 ♎		M 8 ♏	
F 9 ♊		M 9 ♋		M 9 ♌		D 9 ♍		S 9 ♎		D 9 ♐	
S 10 ♊		D 10 ♌		D 10 ♌		F 10 ♍		S 10 ♏		M 10 ♐	🌕 05.1
S 11 ♊		M 11 ♌	🌕 11.25	M 11 ♌		S 11 ♎	🌕 23.22	M 11 ♏	🌕 15.27	D 11 ♐	
M 12 ♋	🌕 18.26	D 12 ♌		D 12 ♍		S 12 ♎		D 12 ♏		F 12 ♑	
D 13 ♋		F 13 ♍		F 13 ♍	🌕 05.34	M 13 ♏		M 13 ♐		S 13 ♑	
M 14 ♌		S 14 ♍		S 14 ♎		D 14 ♏		D 14 ♐		S 14 ♒	
D 15 ♌		S 15 ♎		S 15 ♎		M 15 ♏		F 15 ♑		M 15 ♒	
F 16 ♍		M 16 ♎		M 16 ♎		D 16 ♐		S 16 ♑		D 16 ♓	
S 17 ♍		D 17 ♎		D 17 ♏		F 17 ♐		S 17 ♑		M 17 ♓	🌗
S 18 ♍		M 18 ♏		M 18 ♏		S 18 ♑		M 18 ♒		D 18 ♈	
M 19 ♎		D 19 ♏	🌗	D 19 ♐		S 19 ♑	🌗	D 19 ♒	🌗	F 19 ♈	
D 20 ♎	🌗	F 20 ♐		F 20 ♐		M 20 ♒		M 20 ♓		S 20 ♉	
M 21 ♏		S 21 ♐		S 21 ♐	🌗	D 21 ♒		D 21 ♓		S 21 ♉	
D 22 ♏		S 22 ♑		S 22 ♑		M 22 ♒		F 22 ♈		M 22 ♊	
F 23 ♏		M 23 ♑		M 23 ♑		D 23 ♓		S 23 ♈		D 23 ♊	
S 24 ♐		D 24 ♑		D 24 ♒		F 24 ♓		S 24 ♉		M 24 ♋	🌑 04.5
S 25 ♐		M 25 ♒		M 25 ♒		S 25 ♈		M 25 ♉	🌑 20.34	D 25 ♋	
M 26 ♑		D 26 ♒	🌑 18.23	D 26 ♓		S 26 ♈	🌑 12.43	D 26 ♊		F 26 ♋	
D 27 ♑		F 27 ♓		F 27 ♓		M 27 ♉		M 27 ♊		S 27 ♌	
M 28 ♒	🌑 06.58	S 28 ♓		S 28 ♈	🌑 04.13	D 28 ♉		D 28 ♋		S 28 ♌	
D 29 ♒				S 29 ♈		M 29 ♊		F 29 ♋		M 29 ♍	
F 30 ♓				M 30 ♉		D 30 ♊		S 30 ♌		D 30 ♍	
S 31 ♓				D 31 ♉				S 31 ♌			

ütze | ♒ Wassermann | ☾ abnehm. Mond | ● Neumond
nbock | ♓ Fische | ☽ zunehm. Mond | ○ Vollmond

1998

Juli		August		September		Oktober		November		Dezember	
1 ♎	☽	S 1 ♏		D 1 ♐		D 1 ♒		S 1 ♓		D 1 ♉	
2 ♎		S 2 ♏		M 2 ♑		F 2 ♒		M 2 ♈		M 2 ♉	
3 ♎		M 3 ♐		D 3 ♑		S 3 ♓		D 3 ♈		D 3 ♊	○ 16.21
4 ♏		D 4 ♐		F 4 ♒		S 4 ♓		M 4 ♉	○ 06.19	F 4 ♊	
5 ♏		M 5 ♑		S 5 ♒		M 5 ♓	○ 21.10	D 5 ♉		S 5 ♋	
6 ♐		D 6 ♑		S 6 ♓	○ 12.17	D 6 ♈		F 6 ♊		S 6 ♋	
7 ♐		F 7 ♒		M 7 ♓		M 7 ♉		S 7 ♊		M 7 ♌	
8 ♐		S 8 ♒	○ 03.07	D 8 ♈		D 8 ♉		S 8 ♋		D 8 ♌	
9 ♑	○ 16.58	S 9 ♒		M 9 ♈		F 9 ♊		M 9 ♋		M 9 ♌	
10 ♑		M 10 ♓		D 10 ♉		S 10 ♊		D 10 ♌		D 10 ♍	☾
11 ♒		D 11 ♓		F 11 ♉		S 11 ♊		M 11 ♌	☾	F 11 ♍	
12 ♒		M 12 ♈		S 12 ♊		M 12 ♋	☾	D 12 ♍		S 12 ♎	
13 ♓		D 13 ♈		S 13 ♊	☾	D 13 ♋		F 13 ♍		S 13 ♎	
14 ♓		F 14 ♉	☾	M 14 ♋		M 14 ♌		S 14 ♍		M 14 ♎	
15 ♈		S 15 ♉		D 15 ♋		D 15 ♌		S 15 ♎		D 15 ♏	
16 ♈	☾	S 16 ♊		M 16 ♋		F 16 ♍		M 16 ♎		M 16 ♏	
17 ♈		M 17 ♊		D 17 ♌		S 17 ♍		D 17 ♏		D 17 ♐	
18 ♉		D 18 ♋		F 18 ♌		S 18 ♍		M 18 ♏		F 18 ♐	● 23.43
19 ♉		M 19 ♋		S 19 ♍		M 19 ♎		D 19 ♏	● 05.24	S 19 ♐	
20 ♊		D 20 ♌		S 20 ♍	● 18.04	D 20 ♎	● 11.09	F 20 ♐		S 20 ♑	
21 ♊		F 21 ♌		M 21 ♎		M 21 ♏		S 21 ♐		M 21 ♑	
22 ♋		S 22 ♌	● 03.03	D 22 ♎		D 22 ♏		S 22 ♑		D 22 ♒	
23 ♋	● 14.47	S 23 ♍		M 23 ♎		F 23 ♏		M 23 ♑		M 23 ♒	
24 ♌		M 24 ♍		D 24 ♏		S 24 ♐		D 24 ♑		D 24 ♓	
25 ♌		D 25 ♎		F 25 ♏		S 25 ♐		M 25 ♒		F 25 ♓	
26 ♍		M 26 ♎		S 26 ♐		M 26 ♑		D 26 ♒		S 26 ♓	☽
27 ♍		D 27 ♎		S 27 ♐		D 27 ♑		F 27 ♓	☽	S 27 ♈	
28 ♍		F 28 ♏		M 28 ♐	☽	M 28 ♑	☽	S 28 ♓		M 28 ♈	
29 ♎		S 29 ♏		D 29 ♑		D 29 ♒		S 29 ♈		D 29 ♉	
30 ♎		S 30 ♐	☽	M 30 ♑		F 30 ♒		M 30 ♈		M 30 ♉	
31 ♏	☽	M 31 ♐				S 31 ♓				D 31 ♊	

1999

♈ Widder ♉ Stier ♊ Zwilling ♋ Krebs ♌ Löwe ♍ Jungfrau ♎ Waage ♏ Skorpion

Januar		Februar		März		April		Mai		Juni	
F 1 ♊		M 1 ♌		M 1 ♌		D 1 ♎		S 1 ♏		D 1 ♐	
S 2 ♋	○ 02.50	D 2 ♌		D 2 ♍	○ 8.00	F 2 ♎		S 2 ♏		M 2 ♑	
S 3 ♋		M 3 ♍		M 3 ♍		S 3 ♏		M 3 ♐		D 3 ♑	
M 4 ♌		D 4 ♍		D 4 ♎		S 4 ♏		D 4 ♐		F 4 ♒	
D 5 ♌		F 5 ♎		F 5 ♎		M 5 ♏		M 5 ♑		S 5 ♒	
M 6 ♍		S 6 ♎		S 6 ♎		D 6 ♐		D 6 ♑		S 6 ♓	
D 7 ♍		S 7 ♏		S 7 ♏		M 7 ♐		F 7 ♑		M 7 ♓	☾
F 8 ♍		M 8 ♏	☾	M 8 ♏		D 8 ♑		S 8 ♒	☾	D 8 ♓	
S 9 ♎	☾	D 9 ♏		D 9 ♐		F 9 ♑	☾	S 9 ♒		M 9 ♈	
S 10 ♎		M 10 ♐		M 10 ♐	☾	S 10 ♑		M 10 ♓		D 10 ♈	
M 11 ♏		D 11 ♐		D 11 ♐		S 11 ♒		D 11 ♓		F 11 ♉	
D 12 ♏		F 12 ♑		F 12 ♑		M 12 ♒		M 12 ♈		S 12 ♉	
M 13 ♏		S 13 ♑		S 13 ♑		D 13 ♓		D 13 ♈		S 13 ♊	● 20.0
D 14 ♐		S 14 ♑		S 14 ♒		M 14 ♓		F 14 ♉		M 14 ♊	
F 15 ♐		M 15 ♒		M 15 ♒		D 15 ♈		S 15 ♉	● 13.05	D 15 ♋	
S 16 ♑		D 16 ♒	● 07.35	D 16 ♓		F 16 ♈	● 05.21	S 16 ♊		M 16 ♋	
S 17 ♑	● 16.44	M 17 ♓		M 17 ♓	● 19.44	S 17 ♉		M 17 ♊		D 17 ♌	
M 18 ♒		D 18 ♓		D 18 ♓		S 18 ♉		D 18 ♋		F 18 ♌	
D 19 ♒		F 19 ♈		F 19 ♈		M 19 ♊		M 19 ♋		S 19 ♍	
M 20 ♒		S 20 ♈		S 20 ♈		D 20 ♊		D 20 ♌		S 20 ♍	☽
D 21 ♓		S 21 ♉		S 21 ♉		M 21 ♋		F 21 ♌		M 21 ♎	
F 22 ♓		M 22 ♉		M 22 ♉		D 22 ♋	☽	S 22 ♌	☽	D 22 ♎	
S 23 ♈		D 23 ♊	☽	D 23 ♊		F 23 ♌		S 23 ♍		M 23 ♎	
S 24 ♈	☽	M 24 ♊		M 24 ♊	☽	S 24 ♌		M 24 ♍		D 24 ♏	
M 25 ♉		D 25 ♋		D 25 ♋		S 25 ♍		D 25 ♎		F 25 ♏	
D 26 ♉		F 26 ♋		F 26 ♋		M 26 ♍		M 26 ♎		S 26 ♐	
M 27 ♊		S 27 ♋		S 27 ♌		D 27 ♍		D 27 ♎		S 27 ♐	
D 28 ♊		S 28 ♌		S 28 ♌		M 28 ♎		F 28 ♏		M 28 ♐	○ 22.3
F 29 ♋				M 29 ♍		D 29 ♎		S 29 ♏		D 29 ♑	
S 30 ♋				D 30 ♍		F 30 ♏	○ 15.55	S 30 ♐	○ 07.40	M 30 ♑	
S 31 ♌	○ 17.10			M 31 ♍	○ 23.50			M 31 ♐			

ütze ♒ Wassermann ☾ abnehm. Mond ● Neumond
inbock ♓ Fische ☽ zunehm. Mond ○ Vollmond

1999

Juli		August			September			Oktober			November			Dezember		
1 ♒		S	1 ♓		M	1 ♉		F	1 ♊		M	1 ♌		M	1 ♍	
2 ♒		M	2 ♈		D	2 ♉	☾	S	2 ♋	☾	D	2 ♌		D	2 ♎	
3 ♒		D	3 ♈		F	3 ♊		S	3 ♋		M	3 ♍		F	3 ♎	
4 ♓		M	4 ♉	☾	S	4 ♊		M	4 ♌		D	4 ♍		S	4 ♎	
5 ♓		D	5 ♉		S	5 ♋		D	5 ♌		F	5 ♎		S	5 ♏	
6 ♈	☾	F	6 ♊		M	6 ♋		M	6 ♍		S	6 ♎		M	6 ♏	
7 ♈		S	7 ♊		D	7 ♌		D	7 ♍		S	7 ♏		D	7 ♐	● 23.31
8 ♉		S	8 ♊		M	8 ♌		F	8 ♍		M	8 ♏	● 04.54	M	8 ♐	
9 ♉		M	9 ♋		D	9 ♍	● 23.03	S	9 ♎	● 12.38	D	9 ♏		D	9 ♐	
10 ♊		D	10 ♋		F	10 ♍		S	10 ♎		M	10 ♐		F	10 ♑	
11 ♊		M	11 ♌	● 12.10	S	11 ♎		M	11 ♏		D	11 ♐		S	11 ♑	
12 ♋		D	12 ♌		S	12 ♎		D	12 ♏		F	12 ♑		S	12 ♒	
13 ♋	● 03.25	F	13 ♍		M	13 ♎		M	13 ♏		S	13 ♑		M	13 ♒	
14 ♌		S	14 ♍		D	14 ♏		D	14 ♐		S	14 ♑		D	14 ♒	
15 ♌		S	15 ♎		M	15 ♏		F	15 ♐		M	15 ♒		M	15 ♓	
16 ♍		M	16 ♎		D	16 ♐		S	16 ♑		D	16 ♒	☽	D	16 ♓	☽
17 ♍		D	17 ♏		F	17 ♐	☽	S	17 ♑	☽	M	17 ♓		F	17 ♈	
18 ♍		M	18 ♏		S	18 ♐		M	18 ♑		D	18 ♓		S	18 ♈	
19 ♎		D	19 ♏	☽	S	19 ♑		D	19 ♒		F	19 ♓		S	19 ♉	
20 ♎	☽	F	20 ♐		M	20 ♑		M	20 ♒		S	20 ♈		M	20 ♉	
21 ♏		S	21 ♐		D	21 ♒		D	21 ♓		S	21 ♈		D	21 ♊	
22 ♏		S	22 ♑		M	22 ♒		F	22 ♓		M	22 ♉		M	22 ♊	○ 18.31
23 ♏		M	23 ♑		D	23 ♒		S	23 ♈		D	23 ♉	○ 08.05	D	23 ♋	
24 ♐		D	24 ♑		F	24 ♓		S	24 ♈	○ 22.01	M	24 ♊		F	24 ♋	
25 ♐		M	25 ♒		S	25 ♓	○ 11.46	M	25 ♉		D	25 ♊		S	25 ♌	
26 ♑		D	26 ♒		S	26 ♈		D	26 ♉		F	26 ♋		S	26 ♌	
27 ♑		F	27 ♓	○ 00.46	M	27 ♈		M	27 ♊		S	27 ♋		M	27 ♍	
28 ♑	○ 12.20	S	28 ♓		D	28 ♉		D	28 ♊		S	28 ♌		D	28 ♍	
29 ♒		S	29 ♈		M	29 ♉		F	29 ♋		M	29 ♌		M	29 ♍	☾
30 ♒		M	30 ♈		D	30 ♊		S	30 ♋		D	30 ♍	☾	D	30 ♎	
31 ♓		D	31 ♈					S	31 ♌	☾				F	31 ♎	

2000

♈ Widder ♉ Stier ♊ Zwilling ♋ Krebs ♌ Löwe ♍ Jungfrau ♎ Waage ♏ Skorpion ♐ ♑

Januar		Februar		März		April		Mai		Juni	
S 1 ♏		D 1 ♐		M 1 ♑		S 1 ♒		M 1 ♓		D 1 ♉	
S 2 ♏		M 2 ♑		D 2 ♑		S 2 ♓		D 2 ♈		F 2 ♊	🌑 13.13[…]
M 3 ♐		D 3 ♑		F 3 ♒		M 3 ♓		M 3 ♈		S 3 ♊	
D 4 ♐		F 4 ♑		S 4 ♒		D 4 ♈	🌑 19.08	D 4 ♉	🌑 05.11	S 4 ♋	
M 5 ♐		S 5 ♒	🌑 14.00	S 5 ♓		M 5 ♈		F 5 ♉		M 5 ♋	
D 6 ♑	🌑 19.12	S 6 ♒		M 6 ♓	🌑 06.13	D 6 ♉		S 6 ♊		D 6 ♌	
F 7 ♑		M 7 ♓		D 7 ♓		F 7 ♉		S 7 ♊		M 7 ♌	
S 8 ♒		D 8 ♓		M 8 ♈		S 8 ♊		M 8 ♋		D 8 ♍	
S 9 ♒		M 9 ♓		D 9 ♈		S 9 ♊		D 9 ♋		F 9 ♍	🌓
M 10 ♒		D 10 ♈		F 10 ♉		M 10 ♊		M 10 ♌	🌓	S 10 ♎	
D 11 ♓		F 11 ♈		S 11 ♉		D 11 ♋	🌓	D 11 ♌		S 11 ♎	
M 12 ♓		S 12 ♉		S 12 ♊		M 12 ♋		F 12 ♍		M 12 ♎	
D 13 ♈		S 13 ♉	🌓	M 13 ♊	🌓	D 13 ♌		S 13 ♍		D 13 ♏	
F 14 ♈	🌓	M 14 ♊		D 14 ♋		F 14 ♌		S 14 ♎		M 14 ♏	
S 15 ♈		D 15 ♊		M 15 ♋		S 15 ♍		M 15 ♎		D 15 ♐	
S 16 ♉		M 16 ♋		D 16 ♌		S 16 ♍		D 16 ♎		F 16 ♐	🌕 23.27[…]
M 17 ♉		D 17 ♋		F 17 ♌		M 17 ♎		M 17 ♏		S 17 ♐	
D 18 ♊		F 18 ♌		S 18 ♌		D 18 ♎	🌕 18.44	D 18 ♏	🌕 08.37	S 18 ♑	
M 19 ♊		S 19 ♌	🌕 17.28	S 19 ♍		M 19 ♏		F 19 ♐		M 19 ♑	
D 20 ♋		S 20 ♍		M 20 ♍	🌕 05.46	D 20 ♏		S 20 ♐		D 20 ♒	
F 21 ♋	🌕 05.41	M 21 ♍		D 21 ♎		F 21 ♏		S 21 ♐		M 21 ♒	
S 22 ♌		D 22 ♎		M 22 ♎		S 22 ♐		M 22 ♑		D 22 ♒	
S 23 ♌		M 23 ♎		D 23 ♏		S 23 ♐		D 23 ♑		F 23 ♓	
M 24 ♍		D 24 ♎		F 24 ♏		M 24 ♑		M 24 ♒		S 24 ♓	
D 25 ♍		F 25 ♏		S 25 ♐		D 25 ♑		D 25 ♒		S 25 ♈	🌗
M 26 ♎		S 26 ♏		S 26 ♐		M 26 ♑	🌗	F 26 ♒	🌗	M 26 ♈	
D 27 ♎		S 27 ♐	🌗	M 27 ♐		D 27 ♒		S 27 ♓		D 27 ♈	
F 28 ♏	🌗	M 28 ♐		D 28 ♑	🌗	F 28 ♒		S 28 ♓		M 28 ♉	
S 29 ♏		D 29 ♐		M 29 ♑		S 29 ♓		M 29 ♈		D 29 ♉	
S 30 ♏				D 30 ♒		S 30 ♓		D 30 ♈		F 30 ♊	
M 31 ♐				F 31 ♒				M 31 ♉			

…hütze ♑ …inbock | ♒ Wassermann | ♓ Fische | ☾ abnehm. Mond | ☽ zunehm. Mond | 🌑 Neumond | 🌕 Vollmond

2000

Juli		August		September		Oktober		November		Dezember	
1 ♊	🌑 20.18	D 1 ♌		F 1 ♎		S 1 ♏		M 1 ♑		F 1 ♒	
2 ♋		M 2 ♍		S 2 ♎		M 2 ♐		D 2 ♑		S 2 ♒	
3 ♋		D 3 ♍		S 3 ♏		D 3 ♐		F 3 ♑		S 3 ♒	
4 ♌		F 4 ♎		M 4 ♏		M 4 ♐		S 4 ♒	☽	M 4 ♓	☽
5 ♌		S 5 ♎		D 5 ♐	☽	D 5 ♑	☽	S 5 ♒		D 5 ♓	
6 ♍		S 6 ♏		M 6 ♐		F 6 ♑		M 6 ♓		M 6 ♈	
7 ♍		M 7 ♏	☽	D 7 ♐		S 7 ♒		D 7 ♓		D 7 ♈	
8 ♎	☽	D 8 ♏		F 8 ♑		S 8 ♒		M 8 ♓		F 8 ♉	
9 ♎		M 9 ♐		S 9 ♑		M 9 ♒		D 9 ♈		S 9 ♉	
10 ♏		D 10 ♐		S 10 ♒		D 10 ♓		F 10 ♈		S 10 ♉	
11 ♏		F 11 ♑		M 11 ♒		M 11 ♓		S 11 ♉	🌕 22.14	M 11 ♊	🌕 10.00
12 ♏		S 12 ♑		D 12 ♒		D 12 ♈		S 12 ♉		D 12 ♊	
13 ♐		S 13 ♑		M 13 ♓	🌕 20.34	F 13 ♈	🌕 09.48	M 13 ♊		M 13 ♋	
14 ♐		M 14 ♒		D 14 ♓		S 14 ♉		D 14 ♊		D 14 ♋	
15 ♑		D 15 ♒	🌕 06.09	F 15 ♈		S 15 ♉		M 15 ♋		F 15 ♌	
16 ♑	🌕 14.53	M 16 ♓		S 16 ♈		M 16 ♉		D 16 ♋		S 16 ♌	
17 ♑		D 17 ♓		S 17 ♉		D 17 ♊		F 17 ♌		S 17 ♍	
18 ♒		F 18 ♓		M 18 ♉		M 18 ♊		S 18 ♌	☾	M 18 ♍	☾
19 ♒		S 19 ♈		D 19 ♉		D 19 ♋		S 19 ♍		D 19 ♎	
20 ♓		S 20 ♈		M 20 ♊		F 20 ♋	☾	M 20 ♍		M 20 ♎	
21 ♓		M 21 ♉		D 21 ♊	☾	S 21 ♌		D 21 ♍		D 21 ♏	
22 ♓		D 22 ♉	☾	F 22 ♋		S 22 ♌		M 22 ♎		F 22 ♏	
23 ♈		M 23 ♊		S 23 ♋		M 23 ♍		D 23 ♎		S 23 ♐	
24 ♈	☾	D 24 ♊		S 24 ♌		D 24 ♍		F 24 ♏		S 24 ♐	
25 ♉		F 25 ♋		M 25 ♌		M 25 ♎		S 25 ♏		M 25 ♐	🌑 18.22
26 ♉		S 26 ♋		D 26 ♍		D 26 ♎		S 26 ♐	🌑 00.11	D 26 ♑	
27 ♊		S 27 ♌		M 27 ♍	🌑 20.53	F 27 ♎	🌑 09.01	M 27 ♐		M 27 ♑	
28 ♊		M 28 ♌		D 28 ♎		S 28 ♏		D 28 ♐		D 28 ♒	
29 ♋		D 29 ♍	🌑 11.22	F 29 ♎		S 29 ♏		M 29 ♑		F 29 ♒	
30 ♋		M 30 ♍		S 30 ♏		M 30 ♐		D 30 ♑		S 30 ♒	
31 ♌	🌑 03.25	D 31 ♍				D 31 ♐				S 31 ♓	